데일 카네기

여자를 위한
자기관리론

데일 카네기

여자를 위한
자기관리론

데일 카네기 지음
미리내공방 편역

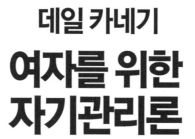

청민
미디어

데일 카네기의 자기관리론에는 시공을 초월한 인생 진리, 성공 진리가 숨어 있다. 서점 곳곳을 그의 저서가 차지하고 있는 이유가 바로 이것이다.

데일 카네기는 성공학의 대가로서 복잡다단한 갖가지 문제를 단순하고 명료하게 풀어내며 모범적인 인생 로드맵을 그려준다. 그가 전하는 자기관리론은 '성공하는 인생의 실전 지침'으로써 전 세계 수많은 사람에게 오늘날까지도 영향을 미치고 있다. 이런 점에서 데일 카네기의 자기관리론에 '구관이 명관'이라는 말을 붙여도 좋겠다.

실제로 많은 이가, 특히 많은 커리어 우먼이 데일 카네기의 성공철학을 기반으로 성공적인 인생을 살고 있다. 그들은 데일 카네기의 성공 지침에 따라 매일 자기 자신을 가꾸며 발전을 도모했다. 그렇게 끊임없이 학습하고 독서하고 수양하고 소통하면서 어느덧 저마다 사회에 자리 잡을 수 있었다. 그들이 데일 카네기의 지침으로 성공했듯, 이 땅의 모든 여성 또한 함께 변화하고 발전하길 바란다.

'데일 카네기의 자기관리론으로 당당하고 능력 있는 여성, 우아하고 매력적인 여성 되기!'

이 책을 편역한 목적이다. 그러다 보니 일부 챕터는 오늘날에 걸맞게 첨삭했다. 여권女權 신장이 확연해진 요즘, 그럼에도 여전히 많은 여성이 결혼 후 또는 한 아이의 엄마가 되는 그때부터 정체 혹은 퇴보한다. 한 번 사는 인생, 사랑과 희생이라는 미명 아래 무작정 멈춰버려선 안 된다. 할 수 있는 한 익숙한 영역에서 벗어나 낯선 영역으로 과감히 가야 한다. 멈추지 말고 더 나아가야 한다. 더 변하고 더욱 발전해야 한다. 그럼으로써 너나없이 멋진 여자로 살아야 한다. 데일 카네기가 지금부터 그 길을 밝혀줄 것이다.

이 책은 총 7장에 걸쳐 더 나은 인생을 위한 여성 자기관리론을 펼쳤다.

1장은 지난날의 상처에서 벗어나 시련을 극복하는 법을 제시한다.

2장은 여유 있는 행동으로 더 이상 끌려다니지 않는 법을 알려준다.

3장은 마음을 제어하여 상처받지 않는 법을 설명한다.

4장은 어떻게 충실한 삶을 살 것인지 그 길을 열어준다.

5장은 평등한 사랑으로 행복에 이르는 지혜를 전수한다.

6장은 나만의 라이프 스타일로 사랑하고 사랑받는 법을 말해준다.

 7장은 풍요로운 인생을 위한 세상의 이치를 일깨워준다.

 이제 이 책과 더불어 다시금 인생의 청사진을 그려보자. 그 위에 이정표를 세우고 한 발짝씩 전진해보자. 지식과 교양, 겸손한 자세를 갖추어 매력적이면서도 능력 있는 당찬 여자로 거듭나자. 그렇게 더 나은 인생, 나아가 성공하는 인생을 살자.

데일 카네기를 대신하여

미리내공방

Contents

Prologue ___4

1   내면이 강하면 어떠한 시련도 이겨낸다

과거의 상처에서 벗어나라 ___14
부정적인 생각으로 인생을 낭비하지 마라 ___23
강인한 마음으로 시련을 받아들여라 ___37
고난은 나를 강하게 만든다 ___46
희망은 절망 속에서 찾아온다 ___58
도망치지 않고 맞서 싸울 때 성장한다 ___65

2   여유 있는 행동은 침착한 마음에서 나온다

행복한 삶을 위해 마음의 안정을 찾아라 ___74
마음의 티끌을 없애고 삶의 참모습과 마주하라 ___80
더 이상 끌려다니지 마라 ___90
내 인생의 행복을 찾아서 ___96
침착하게 내 안의 목소리에 귀 기울여라 ___103

3 마음을 잘 다스리면 쉽게 상처받지 않는다

마음을 편하게 다스려라 ___120
마음의 등대로 앞길을 비춰라 ___127
무엇을 하든 스스로 결정하라 ___132
변하고 싶다면 새로운 그림을 그려라 ___141

4 내 마음을 잘 알아야 충실한 삶을 살 수 있다

지식으로 영혼의 빈자리를 채워라 ___148
활짝 핀 꽃 같은 인생을 살아라 ___156
내면은 영혼의 정원이다 ___170
일은 최고의 진정제다 ___178
자신의 일을 사랑하라 ___184
지혜로운 사람이 되어라 ___194

5 평등한 사랑이 행복을 낳는다

사랑은 최고의 선물이자 인내의 결실이다 ___200
상대의 마음을 헤아려라 ___205
지나치게 집착하지 마라 ___211
사랑한다면 보리밭을 지키는 파수꾼이 되어라 ___216
느슨함을 적당히 유지하라 ___222

미래의 행복보다 현재의 사랑에 집중하라 ___231
유능한 파트너가 되어라 ___243

6   나만의 라이프스타일이 세상을 사로잡는다

오늘을 즐겨라 ___252
남들이 다 한다고 무조건 따라 하지 마라 ___261
나는 세상에 하나뿐인 존재다 ___270
내려놓음의 즐거움 ___278
불평불만은 이제 그만 ___284

7   세상을 품으면 인생이 풍요로워진다

세상에 완벽한 것은 없다 ___294
마음이 아름다우면 세상도 아름다워 보인다 ___301
강한 의지를 가져라 ___306
나만의 아름다움을 찾아라 ___313
타인을 빛나게 하는 사람이 아름답다 ___320

힘들었던 일은 다 지나가게 마련이다.
이제 새로운 인생이 기다리고 있다.

1

내면이 강하면 어떠한 시련도 이겨낸다

직장생활을 하면서 가장 힘들었던 일은 무엇인가? 살면서 크게 좌절했던 그 일을 여전히 기억하고 있는가? 당시에는 일생일대의 사건이 터진 것 같고, 더는 살 수 없을 듯한 패배감에 빠졌을 것이다. 하지만 지금 어떤가? 시간이 흐른 뒤 돌이켜보면 그때의 그 일은 그리 심각하게 다가오지 않는다. 어둠이 가면 빛이 오는 법이다. 힘들었던 일도 다 지나가게 마련이고, 이제 새로운 인생이 기다리고 있다.

과거의 상처에서 벗어나라

앨리스는 오랫동안 마음속에 근심의 잡초를 키워온 자신의 할머니 프란체스카를 떠올렸다.

"할머니는 불행한 지난날을 자주 회상했어요. 당시 어렸던 저는 할머니에게 왜 매일 기분이 안 좋으냐고 물었는데, 그때마다 돌아오는 대답은 똑같았죠. 사는 게 너무 고통스럽다고요. 그렇게 말하며 눈물을 흘리시곤 했죠. 할머니의 불행은 그녀의 어머니에게 버림받았던 날부터 시작됐어요. 나중에 안 사실이지만 할머니는 정말 영화 같은 인생을 살았어요."

앨리스는 계속 말을 이었다.

"할머니의 아버지는 그녀가 열한 살 때 돌아가셨는데, 상을 치른 지 일 년 만에 그녀의 어머니는 자기보다 스무 살이나 어린 남자와 재혼했어요. 당시만 해도 이탈리아에서 그렇게 나이 차이가 많이 나는 커플은 찾아보기 힘들었어요. 그녀의 이모와 숙부는 두 사람이 사는 집에 어린 딸을 둘 수 없다며 그녀를 억지로 떼어놨어요. 주변에서는 그녀의 어머니가 그녀를 버렸다고 수군거렸고, 그런 말 때문에 그녀는 깊은 상처를 입었죠. 훗날 그녀는 어머니와 한집에 살게 되었지만, 그때의 상처는 쉽게 아물지 않았어요. 할머니를 생각하면 비극 맥베스에 나오는 마녀의 말이 떠올라요. 더 큰 번뇌와 걱정이 찾아오리라…… 할머니는 죽을 때까지 불행하게 살다 가셨어요."

파트너와 짝을 지어 그동안 겪었던 부정적인 일들을 서로에게 고백한 경험이 있는가? 한 사람이 토로하면 듣는 상대는 "정말 안됐군요. 계속 얘기해주세요"하며 10분 동안 이야기를 듣는다. 이때 대부분의 사람은 시간이 부족함을 느낀다. 부정적인 경험을 나누고 난 뒤에는 반대로 긍정적인 경험을 공유한다. 이때 대개는 5분 이상 말을 이어가지 못한다. 이처럼 행복한 이야기를 하는 것은 어려운 데 반하여 불행한 이야기를 하기는 쉽다. 왜 그럴까?

사람들은 저마다 마음속에 '불행의 방'을 가지고 있다. '행복의 방'을 가진 사람은 많지 않다. 그들은 '불행의 방'에 온갖 불행을 쌓아놓고는 그 무게에 짓눌린 채 힘겹게 살아간다.

행복해지려면 담쟁이덩굴처럼 뻗어가는 불행의 싹을 잘라내야 한다. 인생을 사는 데 고통스러운 기억은 그다지 필요치 않다. 아름다운 기억만 남겨두면 된다.

지혜로운 여자는 기억을 여러 번 걸러 행복한 순간만 남긴다. 정기적으로 마음의 방을 들여다보며 불행했던 기억, 번민, 고통, 후회의 감정을 깨끗이 제거한다.

천국과 지옥은 마음먹기에 달렸다. 근심은 마음에서 생긴다. 따지고 보면 근심도 탐욕과 맥을 같이한다. 사람들은 종종 눈앞에 있는 행복을 보지 못하고 먼 곳에 있는 황금 사과를 보며 침 흘린다. 왜 사과 대신 복숭아를 먹을 생각은 하지 않는가? 반드시 반짝이는 황금 사과를 손에 넣어야 하는 까닭은 무엇인가? 정작 황금 사과를 가진 사람은 복숭아가 없다고 통곡하며 스스로를 세상에서 가장 불행하다고 생각한다.

애니가 바로 그런 여자였다. 그녀는 늘 이런 말을 달고 살았다.

"전 정말 재수가 없어요. 오 년 전에 운영하던 호텔이 경영난으로 부도난 뒤 엄청난 빚을 떠안았어요. 마침 어머니까지 병으로 세상을 떠나셔서 마음고생이 심했죠. 그때부터 남편과 필사적으로 노력했지만 빚을 청산하는 데 장장 오 년이나 걸렸어요. 남편이 돈을 조금만 더 번다면 제가 지금처럼 불행하지는 않았을 텐데……."

나는 애니한테 말해주었다.

"왜 본인이 가진 것들은 보지 못하나요? 당신이 엄청난 빚에 허덕이고 있을 때 가족들은 짐을 나눠 들었어요. 남편은 열심히 번 돈에 사랑까지 얹어서 당신을 도왔고 아들도 곁을 지켰죠. 아무도 당신을 나 몰라라 하지 않았어요. 제가 아는 친구는 사업으로 큰돈을 벌었지만 남편이 교통사고로 목숨을 잃자마자 아들도 저세상으로 보냈어요. 그녀 곁에는 아무도 없지요."

나의 말에 애니 얼굴에는 복잡한 표정이 교차했다.

"그랬군요. 당신 친구에 비하면 전 천국에 살고 있네요."

내가 말한 그 친구는 비록 혼자 남겨졌지만 지옥 같은 삶을 살지는 않았다. 사업을 통해 번 돈으로 보육원과 양로원을 지어 아이들과 노인을 돌보며 사랑을 베풀었다. 그렇게 아픔을 딛고 행복한 삶을 만들어갔다.

사람들이 불행의 울타리에서 벗어나지 못하는 이유는 그 높이 때문이 아닌, 나태함과 탐욕 때문이다. 노력은 하지 않으면서 항상 더 많은 것, 더 좋은 것을 손에 넣으려 한다. 편하게 바닥에 누워 고통이 지나가기만을 바라지만, 결국 원망과 분노에 잠식되어 다시는 일어나지 못한다.

행복해지고 싶은가? 그렇다면 과감히 불행의 울타리를 뛰어넘어야 한다.

살다 보면 맑은 하늘에 햇살 좋은 날도, 먹구름 잔뜩 낀 하늘에 장대비 퍼붓는 날도 만나게 마련이다. 늘 따스한 봄날처럼 좋기만 한 인생이란 없다. 때로는 행복을 누리다가 또 때로는 불행을 견디며 살아가는 게 인생이다.

먹구름을 반기는 사람은 없지만 그것으로 말미암아 삶이 풍성해지기도 한다. 먹구름이 몰려오면 그 뒤에 숨은 태양이 고개를 내밀 때까지 최대한 평정심을 유지하며 버텨야 한다.

실연한 여자가 나에게 심정을 토로했다. 그녀는 상대에 대한 사랑과 원망이 뒤섞여 과거의 감정에서 쉽게 헤어나지 못했다. 그녀는 가장 찬란했던 청춘을 그와의 사랑으로 낭비해버린 것 같다며 괴로워했다. 그렇게 지나간 날의 사랑에 가슴 아파하는 사이, 유감스럽게도 시간은 계속 흘러가고 있었다.

"지나간 시간은 절대로 되돌릴 수 없습니다."

나의 말에 그녀는 갑자기 뭔가를 깨달은 듯 반색했다.

"아! 제가 왜 그 생각을 하지 못했을까요? 후회와 원망으로 시간을 낭비하는 것보다 아름다운 미래를 만들어가는 편이 더 나은데 말이죠. 이제라도 깨달았으니 다행이에요."

지혜로운 여자는 잃어버린 치즈 때문에 울지 않으며 하늘의 뜻이라 생각하고 받아들인다. 누군가가 저녁 식탁에 놓인 치즈를 가져갔다면 훗날 더 큰 보상이 기다리고 있을지 모른다. 지혜로운 여자는 손에 쥔 게 없어도 실망하지 않는다. 비전에 더 큰 날개를 달고 행복한 미래를 꿈꾸며 오늘을 만들어갈 수 있기 때문이다.

우리가 과거의 불행에 사로잡혀 괴로워할 때 누군가는 상상하지 못할 고통을 겪으며 살고 있다.

퍼슨은 휠체어 없이는 그 어디에도 갈 수 없다. 두 다리가 움직이지 않기 때문이다. 그럼에도 그는 항상 긍정적인 태도를 유지했다. 그가 휠체어를 타게 된 사연은 이렇다.

"젊은 시절에 사고를 당했어요. 산에서 나무를 베어 차에 싣고 집으로 가던 길이었어요. 급커브를 도는데 갑자기 나무가 미끄러져 차축에 끼었고 그 바람에 제가 창밖으로 튕겨나갔죠. 그때 척추가 손상되면서 두 다리에 마비가 왔어요. 당시 나이 스물넷이었어요. 그 뒤로 다시는 걷지 못하고 있죠."

창창한 24세의 청년이 하루아침에 휠체어 신세가 되고 만 것이다. 그는 과연 어떻게 그 절망적인 현실을 받아들일 수 있었을까. 그 역시 처음에는 하늘을 향해 분노하고 원망했다. 하지만 그것은 아무런 도움도 되지 않았다.

"두 다리를 잃는다고 달라지는 건 없다는 사실을 깨달았어요. 그러니 예전처럼 행복해지지 못할 이유가 없더라고요. 두 다리를 잃었다고 인생의 즐거움까지 잃고 싶진 않았어요. 마음을 단단히 먹고 행복하게 살면 되는 거잖아요. 사람들이 그 사고를 불행하게 생각하느냐고 묻곤 해요. 그럴 때마다 전 말하죠. 오히려 행운이라고 생각한다고. 사고 덕분에 절망과 고통의 단계를 지나 완전히 새로운 삶을 살게 되었으니까요."

그는 사고를 당한 뒤 14년 동안 1,400여 권의 책을 읽으며 예전보다 더 풍부한 상상력을 가지게 되었다. 그리고 음악에 심취하여 오케스트라 연주를 들으며 감동의 눈물을 흘릴 줄 아는 사람이 되었다. 가장 큰 변화는 생각할 시간이 많아진 것이었다.

"처음으로 제 인생에 대해 깊이 생각해봤어요. 가치 있는 일이 무엇인지 생각하고 직접 경험해보려 노력했죠. 그 결과, 예전에는 감히 꿈도 못 꿀 일들을 많이 이루었어요."

책을 읽으며 정치에 관심을 두게 된 그는 공공 문제를 연구하기 시작했고, 그와 관련된 강연까지 하게 되었다. 그리고 마침내 조지아주 정부에서 중요한 자리를 맡게 되었다.

진정한 행복을 얻으려면 마주한 고난과 불행을 용감하게 받아들일 수 있어야 한다. 인생은 음계와 같다. 구슬픈 단조가 있는 인생이 깊은 울림을 준다. 신도 때로는 인간에게 시련을 통해 큰 행복을 선사한다. 따라서 인생의 먹구름은 행복이라는 태양을 부르는 전령傳令이자 예전과는 완전히 다른 새 길을 열어주는 안내자이다.

사막에서 꽃을 피우고 싶다면 용기를 내어 시련과 맞서 싸워야 한다. 그저 겁을 낸다면 길게 드리운 자신의 그림자나 불행했던 과거의 그림자에서 벗어나지 못한 채포기할 수밖에 없다. 그러니 몸에 중상을 입거나 남들보다 큰 고통을 겪은 게 아니라면, 과거의 상처를 들추며 후회하거나 원망하지 마라. 과거로 말미암아 좌절하거나 실망할 필요가 없다. 그렇게 우울해하느니 내면을 갈고닦으며 다가올 미래를 준비하는 게 낫다.

부정적인 생각으로 인생을 낭비하지 마라

한 철학자가 말했다.

"사람은 동시에 두 가지 길을 갈 수 없다. 과거에 머물길 좋아하는 사람도 있고, 현재의 삶에 만족하는 사람도 있다."

많은 여자가 불행했던 과거를 쉽게 잊지 못한다. 그들은 본인이 겪은 불행을 줄곧 탓하며 세상에서 가장 불행한 사람이 된 것처럼 행동한다. 그리고 미래에 대한 불안감으로 벌벌 떤다. 그들은 미래에 닥칠 위기를 잘 넘기지 못하면 어쩌나 하는 걱정을 안고 살며, 심할 경우 극도의 공포심까지 느낀다.

〈뉴욕타임스〉 회장 아서 옥스 설즈버거 주니어. 그는 제1차 세계대전이 유럽 전역을 휩쓸던 시절 너무 두려워 잠을 제대로 자지 못했다. 재산과 가족, 목숨까지 모두 잃어버릴 수 있다고 생각하니 참을 수 없었던 것이다. 그는 침대에서 벌떡 일어나 캔버스와 물감을 가지고 거울 앞에 서서 자화상을 그렸다. 그림을 잘 그리진 못했지만 그림에 집중함으로써 불안을 해소할 요량이었다. 그때 두려움을 떨쳐내지 못했다면 평정심을 되찾지 못했을 것이다.

어느 날 아서는 다음과 같은 찬송가를 들었다.

"나를 앞으로 이끌어 길을 밝게 비춰주소서. 먼 곳을 보게 하지 말며 눈앞을 보게 하소서."

그는 이 찬송가를 듣고 불확실한 미래를 위해 사는 것보다 현재의 삶에 충실한 게 더 중요하다는 깨달음을 얻었다.

영국의 의학자 윌리엄 오슬러는 "오늘에 충실하라"라고 했다. 또한 미국의 정치가 아들라이 스티븐슨은 말했다.

"사람들이 각자 자신의 일에 최선을 다한다면 단 하루 만에 모두가 행복해질 수 있다. 이것은 인생의 진리다."

근심은 많은 정신적 문제를 야기한다. 병원에 입원한 환자들은 근심에 사로잡혀 스스로 행복해질 수 없다고 여긴다. 하지만 그들에게 남은 시간이 단 하루밖에 없다고 생각한다면 매일 새로 태어난 기분으로 살 것이다.

'현재를 즐겨라.'

이 말을 따랐던 고대 로마인들의 태도를 배울 수 있다면 온갖 근심은 말끔히 날려버리고 행복한 미래로 한 걸음 더 다가갈 수 있을 것이다.

인생은 모래시계와 같다. 모래를 한 번에 많이 흘려보내면 중간의 잘록한 부분이 막혀 더는 움직이지 못한다. 지나치게 큰 부담으로 인생을 낭비할 필요는 없다. 자신의 영혼을 과거에 대한 후회와 미래에 대한 근심으로 채워서는 안 된다. 현재에 충실한 사람만이 밝은 내일을 맞이할 수 있다. 긍정적인 마음으로 오늘에 최선을 다하고 그날의 가치를 발견하기 위해 노력해야 한다.

'남은 시간이 단 하루밖에 없다면 아무리 힘든 일도 기꺼이 받아들일 수 있다.'

이것이 성공한 인생의 비결이다. 성공한 사람들이 놀라운 업적을 이룰 수 있었던 이유는 위대한 계획을 세우고 실현할 능력이 있어서가 아니라, 하루하루를 충실하게 살았기 때문이다. 매일 황금 사과를 따기 위해 최선의 노력을 기울였기에 최고의 성과를 거둘 수 있었다.

많은 여자가 종종 과거에 연연한다. 지혜로운 여자는 절망적인 상황에서도 '과거의 늪'에서 빠져나와 새로운 인생을 살고자 노력한다. 쉴즈도 그러한 인물이었다. 그녀는 자살 문턱에서 가까스로 인생의 소중한 가치를 깨달았다.

"남편이 세상을 떠나자 어떤 희망도 찾을 수 없었어요. 예전에 일했던 회사에 연락해 다시 일하고 싶다고 했어요. 학교를 대상으로 백과사전을 판매하는 일을 했거든요. 나는 할부로 중고차를 사서 다시 일할 준비를 했어요. 바쁘게 일하다 보면 근심거리도 사라질 줄 알았죠. 그런데 혼자 운전하고 밥 먹는 일이 그렇게 힘들 거라고는 상상도 못 했어요. 하루에 백과사전 한 권도 못 파는 날이 허다했어요. 급기야 쥐꼬리만 한 중고차 할부금도 낼 수 없는 처지가 됐어요.

이듬해 봄에는 미시간주의 작은 마을에 도착했는데 백과사전을 사줄 만한 학교가 없었어요. 다들 재정 상태가 열악했거든요. 울퉁불퉁한 시골길을 운전하자니 기분이 바닥까지 떨어졌죠. 정말 죽고 싶었어요. 미래는 불투명했고 살아가야 할 이유를 찾지 못했거든요. 매일 아침, 피곤한 몸으로 일어나 무력한 하루를 이어갔어요. 모든 것이 불안했죠. 할

부금과 방세도 문제였지만 내 한 몸 건사하며 사는 것조차 자신이 없었으니까요. 그러다 덜컥 아프기라도 하면 병원에 갈 돈도 없는데 어쩌나 싶었어요. 내가 죽으면 가슴 아파할 사람은 있을까 싶었죠. 우스운 건 설령 내가 목숨을 끊는다 해도 장례 치를 돈조차 없다는 사실이었어요.

내가 어둠의 심연에서 빠져나와 살아갈 용기를 얻은 건 우연히 본 한 문장 때문이었어요. '지혜로운 사람은 매일 새로 태어난 것처럼 산다'라는 문장이었죠. 그 문장을 메모하여 차창에 붙이고 매일 봤어요. 만약 내게 주어진 시간이 단 하루밖에 없다면 하지 못할 일이 없을 것 같았어요. 힘들었던 과거와 알 수 없는 미래는 더 이상 생각하지 않기로 했죠. 매일 아침 '오늘 난 다시 태어났어' 하고 주문을 걸었어요. 그리고 마침내 길고 긴 우울과 두려움에서 벗어날 수 있었죠. 지금 난 행복해요. 일에서도 좋은 성과를 거두었고요. 진심으로 내 삶을 사랑해요."

한 시인은 말했다.

"오늘을 사는 사람은 지금 이 순간을 즐기며 오지 않은 내일을 걱정하지 않는다. 오직 현재에 충실할 뿐이다."

사람들은 모두 '오늘'을 살아간다. 오늘 하루가 온전히 만족스럽지 않다고 해도 행복감과 감사함을 느끼기에는 충분하다.

오늘은 어제와 내일과는 전혀 다른 차원의 공간이다. 과거나 미래에 영원히 머무를 수 있는 사람은 없다.

아름다운 토슈즈를 신고 우아하게 춤추듯 그렇게 현재를 즐기며 살아야 한다. 마음껏 먹고 사랑하며 행복한 시간을 보낸다면 현재의 삶에 감사와 경의를 표하게 될 것이다.

근심은 아름다움과 정반대에 위치한다. 인도 출신의 영국 배우 메르 오베른은 인터뷰에서 이렇게 말했다.

"저는 걱정 없이 살아요. 걱정하기 시작하면 바로 못생겨지거든요. 걱정이 많은 사람은 눈빛부터 달라요."

오베른이 이런 깨달음을 얻은 것은 과거의 경험 때문이다.

"그때는 어떤 제작자도 저를 원하지 않았어요. 수중의 돈은 금방 바닥났죠. 보름 가까이 물과 비스킷 약간으로 연명했어요. 지독히 배고프고 두려운 시간이었어요. 아무런 희망도 보이지 않았거든요.

그러던 어느 날 거울에 비친 제 모습을 보고 소스라치게 놀랐어요. 피부는 탄력을 잃은 지 오래고 눈빛도 흐리멍덩

해 보였죠. 머리카락은 또 어찌나 푸석푸석한지 이루 말할 수 없었죠. 모두 지나친 근심이 가져온 결과였어요. 그때 다짐했죠. '걱정은 이제 그만! 유일한 재산이라곤 반반한 얼굴밖에 없는데 걱정만 하느라 그것마저 잃을 순 없어!'라고.

나는 걱정에서 벗어나기 위해 즐거운 일이 있는 척 행동하며 행복한 기억을 떠올리려 노력했어요. 덕분에 서서히 자신감이 돌아왔고 뭐든 긍정적으로 생각하는 버릇이 생겼어요. 그러던 중 인생 최고의 기회가 찾아왔어요. 저를 선발한 영화 제작자는 제 빛나는 미모와 당당하고 긍정적인 모습에 매력을 느꼈다고 하더군요."

미국의 사상가 랠프 왈도 에머슨은 말했다.

"사람은 생각하는 대로 된다."

지금 행복하지 않다면 행복한 것처럼 생각하라. 그러면 저절로 행복해질 것이다. 유명한 심리학자이자 철학자인 윌리엄 제임스는 이렇게 충고했다.

"깊은 근심에서 벗어나기 위한 유일한 방법은 행복한 사람처럼 말하고 행동하는 것이다."

지금 온갖 고민으로 인상을 찌푸리고 있다면 윌리엄의 충고를 따라보자. 신나게 웃으며 과장된 손짓과 표정으로 자신에게 "나는 지금 아주 행복하다"라고 주문을 거는 것이다. 또는 심호흡한 뒤 편안한 미소를 지으며 신나게 노래를 불러보자. 즐거운 것처럼 행동하면 마음속 근심도 떨쳐낼 수 있다.

잉글러트는 바로 이러한 방법으로 엄청난 기적을 일궈냈다. 10년 전, 그는 성홍열에 걸렸다가 회복된 뒤로 신장염 진단을 받았다. 전국에 내로라하는 의사들을 찾아가도 병세는 나아지지 않았다. 오히려 혈압이 급격히 상승하면서 상태는 더 심각해졌고 의사들은 최악의 상황까지 고려해야 한다고 말했다. 그는 깊은 절망에 빠졌다. 보험의 약관을 확인했으며, 주변 사람들에게 지난날 저질렀던 잘못에 대해 용서를 구했다. 하지만 그의 침울한 분위기는 사람들을 불편하고 괴롭게 만들 뿐이었다.

그러던 어느 날, 잉글러트는 생각했다.

'행복하게 살든 불행하게 살든 난 어차피 죽겠지. 그럴 거면 행복하게 사는 게 낫지 않을까?'

그는 불행을 무덤까지 가져가고 싶지 않았다. 하지만 그렇게 생각한다고 갑자기 기분이 좋아지거나 행복해지지는 않았다. 그는 억지로 웃고 농담을 던지며 행복한 사람처럼 말하고 행동했다. 그러자 주변 분위기가 서서히 변하기 시작했다. 그와 함께 있는 사람들의 얼굴에서는 미소가 떠나지 않았다. 놀라운 건 사람들이 즐거워하자 그의 기분도 실제로 좋아졌다는 사실이다. 그는 어느새 사람들과 더불어 진심으로 웃을 수 있었다.

바로 그때 잉글러트에게 기적이 일어났다. 죽음으로 치닫던 그의 병세가 호전되면서 혈압도 정상 수준으로 돌아왔다. 의사에게 그 소식을 들은 그는 뛸 듯이 기뻐했고, 이후 건강을 완전히 되찾았다. 즐거운 마음으로 행복하게 살겠다는 마음가짐이 그에게 기적을 불러온 것이다.

윌리엄 제임스는 말했다.

"마음가짐에 따라 죽음에 대한 공포도 삶의 원동력으로 바뀔 수 있다."

물리학자 제임스 밴 앨런은 말했다.

"사람은 누구나 신비한 힘을 가지고 있다. 자기 안에 잠재된 힘을 끌어낸다면 잡념에서 벗어나 위대한 일을 이룰 것이다."

행복하다고 가장하면 진짜 행복한 기분을 느끼게 된다는 '가장 이론'이 있다. 워킹맘 중에는 자기 일에 애정을 느끼지 못하고 집안일도 제대로 처리하지 못한다는 데서 불안감을 느끼는 사람이 많다. 이러한 부정적인 정서는 삶의 질을 떨어뜨리는 것은 물론이고 자신을 더 피곤하게 만들 뿐이다.

현실을 바꿀 수 없다면 그냥 받아들여라. 사람은 누구나 어쩔 수 없이 해야 하거나 피할 수 없는 장애물을 만나게 마련이다. 까다로운 상사와 매일 반복되는 업무, 시기하는 동료, 잔소리하는 시어머니, 게으른 남편……. 말하자면 끝도 없다. 이런 모든 상황이 누구에게나 다 일어나는 건 아니지만 대개 한두 가지쯤은 해당될 것이다.

이런 상황에서 총명한 여자는 어떻게 할까? 총명한 여자라면 태연하게 현실을 있는 그대로 받아들이고, 심지어 아주 기분이 좋은 것처럼 '가장'한다.

리사는 출판사의 교정 업무를 좋아하진 않지만 생계를 유지하고 꿈을 이루겠다는 다짐으로 참고 일해야 했다. 그녀는 교정 업무를 아주 좋아하는 것처럼 '가장'했다. 집에서 나올 때부터 즐거운 마음으로 '가장'하고 나니 교정 일도 생각보다 힘들게 느껴지지 않았으며, 업무 시간도 크게 단축되었다. 그녀는 스스로 목표를 정하고 업무 시간을 계속 줄여나갔는데, 그 과정에서 의외의 보람과 기쁨도 느꼈다. 시간이 흐를수록 리사의 업무 능력은 일취월장했고, 한 번 쓱 훑어보는 것만으로도 오·탈자를 잡아낼 수 있었다. 그녀의 출중한 능력을 알아본 사장은 리사를 편집장으로 승진시켰다. 이후 리사는 자신이 세운 출판사에서 수많은 베스트셀러를 내놓았고, 동시에 작가의 꿈도 이루었다.

고민에 빠진 채 나약하게 허우적거리지 말자. '현재'를 직시하고 자기 일에 최선을 다하는 사람만이 미래를 손안에 넣을 수 있다. 지금은 평소에 우리가 하는 고민이 과연 '현재'의 것인지 살펴볼 때다.

한 심리학자가 흥미로운 실험을 했다. 그는 피실험자들에게 매주 일요일 저녁, 다음 주에 걱정되는 일을 종이에 적어서 '걱정 상자'에 넣으라고 했다. 그리고 3주 뒤 일요일, '걱정 상자'에 넣었던 종이를 꺼내 그때 걱정했던 일 중 여전히 걱정되는 일이 얼마나 되는지 확인하도록 했다. 결과는 10퍼센트에 불과했다. 심리학자는 피실험자들에게 여전히 걱정되는 10퍼센트의 일들을 다시 종이에 적어 '걱정 상자'에 넣게 했다. 일주일 뒤, 종이에 적힌 걱정을 똑같이 하는 사람은 한 명도 없었다.

부정적인 생각으로 인생을 낭비하지 마라

오늘에 충실한 사람은 걱정이 끼어들 틈이 없으며 늘 행복하다.

통계에 따르면 사람들이 하는 고민 중 40퍼센트는 과거에 관한 것이고, 50퍼센트는 미래에 관한 것이며, 단 10퍼센트만이 현재에 관한 것이다. 과거와 미래로 분산된 정신을 하나로 모으면 현재의 걱정을 해결할 수 있다. 그렇다면 각고의 노력과 정열을 낭비하지 않고도 더 나은 삶을 완성할 수 있다.

우리는 아무것도 돌이킬 수 없고, 아무것도 예측할 수 없다. 거친 시간의 파도 속에서도 끈질기게 현재를 붙잡고 있는 사람만이 영원한 평화를 얻을 수 있다.

수천 년 전, 한 철학자가 혼란으로 피폐해진 국토를 지나던 중 산꼭대기에 사람들이 모여 있는 것을 보았다. 그곳에 가보니 한 남자가 연설을 하고 있었다.

"내일의 일을 걱정하지 마세요. 내일의 일은 내일 걱정해도 늦지 않습니다."

걱정이 많은 여자에게도 비슷한 '처방'을 해주고 싶다. 오늘을 살아라!

오늘 나는 반드시 행복할 것이다.

오늘 나는 나를 세상에 맞추기 위해 노력할 것이다.

오늘 나는 최선을 다해 주어진 일을 마치고 나서 열심히 놀 것이다.

오늘 나는 결과에 상관없이 나만을 위한 기술을 익힐 것이다.

오늘 나는 좋아하지 않는 일이라도 열심히 할 것이다.

오늘 나는 만족스러운 하루를 보낼 것이다.

오늘에 충실한 사람은 걱정이 끼어들 틈이 없으며 늘 행복하다. 그래서 항상 당당하다. 그러니 매력 또한 넘친다.

강인한 마음으로 시련을 받아들여라

언젠가 이런 기도문을 본 적이 있다.

'신이시여, 변하지 않는 현실을 기꺼이 받아들일 수 있는 평정심을 주소서. 신이시여, 변할 가능성이 있는 현실을 극복할 용기를 주소서. 신이시여, 두 가지 시련을 정확히 판단할 수 있는 지혜를 주소서.'

사람들이 걱정하는 일은 두 가지다. 하나는 변하지 않는 일이고, 다른 하나는 변할 가능성은 있지만 용기가 필요한 일이다.

행복해지는 길은 쉽지 않지만 침착한 태도와 강인한 마음만 있다면, 뜻대로 풀리지 않는 일들도 기꺼이 받아들이며 손해를 보더라도 개의치 않는다. 추운 겨울이 지나면 꽃피는 봄이 찾아오게 마련이다. 우매한 사람은 시련에 쉽게 흔들리지만 지혜로운 사람은 자신을 단련할 새로운 기회로 여긴다.

많은 여자가 타인의 행복에 자신을 견주며 괴로워한다. 우리는 직시해야 한다. 해가 뜨기 전까지는 긴 어둠의 시간이 필요하다는 사실을 기억해야 한다.

세상에 태어날 때부터 천재인 사람은 없으며, 수많은 시련과 아픔을 딛고 일어섰기에 천재가 될 수 있었다. 그들은 시련이 찾아와도 포기하지 않았으며, 오히려 자신의 한계를 파악하고 그것을 뛰어넘기 위해 노력했다.

영화 〈슈퍼맨〉에서 주연으로 열연한 크리스토퍼 리브는 당시 할리우드에서 최고의 인기 배우였다. 그런데 얼마 후, 일생일대의 사건으로 그는 완전히 다른 삶을 살게 된다. 1995년 여름, 그는 승마 대회에 참가했다가 낙마 사고로 전신 마비 판정을 받았다. 그는 순식간에 세계적인 영웅에서 휠체어 없이는 움직이지도 못하는 환자가 되고 말았다. 그는 한순간 절망하며 삶의 의미를 송두리째 빼앗겼다.

처음 병원에서 눈을 떴을 때 그가 가족에게 한 최초의 말은 다음과 같았다.

"여기서 나 좀 빨리 빼내줘."

퇴원 후, 가족들은 그의 정신적·육체적 상처를 치유하기 위해 함께 여행을 다니기 시작했다. 하지만 크리스토퍼의 증세는 전혀 나아지지 않았고 우울증도 나날이 심각해졌다.

어느 날, 크리스토퍼는 가족들과 함께 차를 타고 로키산맥의 구불구불한 산길을 지나고 있었다. 그는 조용히 창밖을 보던 중, 도로가 보이지 않는 지점에 이를 때마다 '전방 커브'나 '전방 급커브 주의'라는 표지판이 나타난다는 사실을 발견했다. 표지판이 나타나고 커브를 돌고 나면 꽃이 흐드러지게 핀 풍경이 그들을 맞이했다. 크리스토퍼는 '전방 커브'라는 표지판을 볼 때마다 엄청난 충격에 휩싸였다. 그의 마음속에서는 강렬한 외침이 터져나왔다.

'길이 끝난 게 아니야. 커브만 돌면 돼.'

순간 큰 깨달음을 얻은 그는 아내에게 말했다.

"당장 돌아가자! 아직 가야 할 길이 남았어!"

크리스토퍼는 휠체어를 타고 영화를 감독했다. 그는 처음

찍은 영화로 큰 성공을 거둔 뒤, 펜을 이로 물고 쓴 처녀작 《절망을 이겨낸 슈퍼맨의 고백》을 집필하여 베스트셀러 작가 대열에 올랐다. 그리고 전신 마비 전문 재활센터를 건립하여 이사장으로 일했다. 그는 강연회를 열고, 장애인 복지 기금 사업을 하는 등 유명한 사회 활동가가 되었다.

〈뉴욕타임스〉는 '10년 동안 그는 여전히 슈퍼맨이었다'라는 기사를 통해 크리스토퍼의 업적을 기렸다. 기사에 따르면, 그는 자신이 겪은 시련에 대해 이렇게 술회했다.

"예전에는 제가 배우 말고는 아무것도 할 줄 모른다고 생각했어요. 영화감독과 작가로 살게 될 거라곤 꿈에도 생각하지 못했죠. 게다가 자선 활동가라니, 누가 상상이나 했겠어요? 불행이 찾아왔을 때는 길이 다 끝난 것 같았거든요. 하지만 기억하세요. 커브만 돌면 새로운 길이 보인다는 사실을요!"

시련은 때로 사람의 잠재력을 끌어내는 중요한 수단이 된다. 지혜로운 사람은 깊은 구덩이에 빠져도 솟아날 수 있는 깨달음을 얻는다. 그리하여 시련에 개의치 않으며 힘든 상황 속에서도 새로운 기회를 잡을 줄 안다.

강인한 의지가 있는 사람은 불행을 반긴다. 불행을 통해 성장한다는 사실을 알기 때문이다. 그런 사람은 실패나 고통, 모욕 속에서도 꿋꿋이 버티며 어둠을 두려워하지 않는다. 기적은 시련을 피하지 않고 자신을 믿는 사람을 찾아간다. 사람들이 강인한 정신으로 무장할 때, 마음 깊숙한 곳에 숨어 있던 칼날이 예리해져 뚫고 밖으로 나온다. 심리학자 윌리엄 제임스는 말했다.

"인류 최고의 발견은 '생각을 바꾸면 인생이 바뀐다'는 사실이다."

행복은 긍정적인 생각에서 나오며, 긍정적인 생각에는 세상을 변화시킬 힘이 있다. 현재의 삶이 만족스럽지 않다면 내면의 소리에 귀를 기울이고 마음을 강하게 단련시켜야 한다. 마음이 강인한 사람은 자신이 생각하는 것보다 훨씬 더 많은 일을 해낸다. 생각을 바꿀 수 있다면 다음 갈림길에서 커브를 꺾었을 때 새로운 풍경을 발견하게 될지도 모른다. 그러면 진심으로 이런 말이 튀어나올 것이다.

"당장 돌아가자! 아직 가야 할 길이 남았어!"

우리가 현재에 안주하는 순간 운명은 시련을 불러온다. 시련을 통해 잠재력을 발견하고 지혜와 깨달음을 얻도록 인도한다.

영국의 시인 존 드라이든은 말했다.

"운명은 시련이라는 검으로 나를 공격했으나 나는 영혼의 방패로 모든 공격을 막고 계속 전진했다."

좌절과 실패가 없다면 내 안에 숨어 있는 잠재력을 끌어 내지 못할 것이다. 운명은 앞길을 펼쳐주는 게 아니라 극복 해야 할 시련을 던져 우리를 시험한다.

성공한 사람들은 타인이 쉽게 포기한 것을 끝까지 놓지 않고 버틴 인물들이다. 그들은 실패해도 불평하지 않는다. 오히려 그것을 새로운 돌파구로 삼아 잠재력을 끌어모으고 과감히 폭발시킨다.

실패는 약한 사람을 더 약하게 만들고 강한 사람을 더 강 하게 만든다. 그러니 여자들이여, 지금부터라도 마음을 단 단하게 만들어라. 행복해지려면 누구에게도 의존하지 않고 고난과 장애물을 뛰어넘을 수 있어야 하며, 남들 시선을 두 려워하지 않고 자신의 신념에 따라 행동해야 한다. 그래야 시련이 찾아왔을 때 위기를 기회로 전환하여 자기만의 세계 를 창조할 수 있다.

남아프리카공화국의 한 가난한 마을에 두 형제가 살았다.

형제는 작고 가난한 마을에서 소중한 인생을 낭비하고 싶지
않아 사업을 해보기로 마음먹었다. 하지만 당시 미천한 흑
인 신분으로는 마을에서 벗어날 길이 없었다. 따라서 형제
는 백인과 모욕적인 노예 계약을 할 수밖에 없었다. 형은 운
좋게 풍요로운 도시 샌프란시스코로 갔지만, 동생은 살던
마을보다 더 척박한 필리핀으로 가야 했다.

30년 뒤, 가까스로 다시 상봉한 형제는 상대방이 엄청난
변화를 겪어왔다는 사실을 깨달았다. 형제는 둘 다 성공한
인생을 살았다. 형은 샌프란시스코에서 세탁소 두 곳과 잡
화점 한 곳을 경영하고 있었다. 그렇다면 동생은 과연 어떻
게 변했을까? 동생이 필리핀으로 팔려가다시피 했다는 소
식을 들은 마을 사람들은 그의 불우한 운명에 혀를 찼다. 하
지만 예상과 달리 동생은 영향력이 큰 기업가가 되어 나타
났다. 그는 동남아시아 각지에 산림과 고무농장을 보유한
재력가로 성장했다.

형은 큰 성공을 거둔 동생을 바라보며 감탄했다.

"운명이 너를 특별히 사랑했나 보구나."

그는 오랜만에 만난 동생에게 그동안 자신이 맛봐야 했던
좌절과 실패에 대해 쉬지 않고 쏟아냈다.

"백인 사회에서 흑인이 성공하기란 하늘의 별 따기만큼 어려워. 나는 특별한 재능도 없었으니 백인들의 옷을 빨고 밥을 해주며 악착같이 돈을 벌었어. 그들의 멸시와 조롱을 받으면서도 먹고살기 위해 이 악물고 버텼지. 결국 백인들이 손대기 싫어하는 분야를 파고들어 작게나마 지금의 성공을 이룰 수 있었어. 하지만 상류 사회로 들어가는 것은 꿈도 못 꿨지. 이제는 제법 먹고살 만하고 아이들도 가르칠 만큼 가르쳤으니 아예 쳐다보지도 않아. 지금처럼 성실하게 기술이나 익히면서 편하게 살면 그만이지 더 바라는 건 사치라고 생각해."

형의 말에 동생이 대답했다.

"삼십 년 전, 샌프란시스코로 가게 된 형이 정말 부러웠어. 열악한 환경에서 살아남아야 하는 내 운명이 너무 가혹하게 느껴졌지. 그때 아무것도 하지 않고 포기했다면 난 아마 굶어 죽었을 거야. 다행히 난 낙관적이어서 미래에 대한 희망을 놓지 않고 늘 감사한 마음으로 살았어. 그렇게 열심히 살았더니 내 노력에 응답이라도 하듯 황금 같은 기회가 찾아왔지. 기회를 잡은 난 사업을 계속 확장했어. 순식간에 돈이 눈덩이처럼 불어나더라고."

동생은 분명히 형보다 가혹한 운명을 짊어져야 했다. 하지만 그는 누구를 원망하거나 불평하지 않고 묵묵히 주어진 삶을 받아들였다. 그러자 자욱했던 안개가 걷히듯 그의 인생이 밝아지기 시작했고, 결국 그는 큰 성공을 거두었다.

눈앞에 닥친 시련을 불평하기보다는 미래를 위한 새로운 기회로 삼아보자. 매일 최선을 다해 산다면 분명 보상받을 날이 올 것이다.

고난은 나를 강하게 만든다

직장생활을 하면서 가장 힘들었던 일은 무엇인가? 살면서 크게 좌절했던 그 일을 여전히 기억하고 있는가? 당시에는 일생일대의 사건이 터진 것 같고, 더는 살 수 없을 듯한 패배감에 빠졌을 것이다. 하지만 지금 어떤가? 시간이 흐른 뒤 돌이켜보면 그때의 그 일은 그리 심각하게 다가오지 않는다. 어둠이 가면 빛이 오는 법이다. 힘들었던 일도 다 지나가게 마련이고, 그 뒤에는 새로운 인생이 기다리고 있다.

인생은 애벌레가 누에고치를 벗고 나비로 거듭나는 과정과 비슷하다. 거친 비바람을 맞으며 인고의 시간을 견딘 사람만이 아름다운 나비가 되어 훨훨 날 수 있다.

　1920년, 미국 테네시주의 작은 마을에 린다라는 여자아이가 태어났다. 그녀는 철이 들기 시작하면서 자신이 다른 아이들과 다르다는 사실을 깨달았다. 그녀는 아빠 없이 태어난 사생아였다. 사람들은 그녀를 차갑게 대했을뿐더러 자기 아이들과 어울려 놀지 못하게 했다. 그녀는 태어나자마자 본인의 잘못도 아닌 일로 세상으로부터 냉대를 받은 것이다.

　린다는 학교에 들어간 뒤에도 차별을 받았다. 선생님과 친구들은 언제나 그녀를 비웃고 멸시했다. 시간이 흐를수록 그녀는 점점 위축되었고 사람들과 어울리지 못했다. 혼자만의 시간이 많아진 건 자연스러운 일이었다.

　린다에게 가장 두려운 시간은 엄마와 함께 시장에 갈 때였다. 두 모녀가 나타나면 사람들은 너나없이 뒤에서 손가락질하며 수군거렸다.

　"아빠 없이 태어났다는 애가 쟤죠? 정말 교양 없어 보이네요!"

　그러했던 린다는 열세 살 되던 해 마을에 새로 온 목사를 만나면서 인생의 전환점을 맞이했다. 그녀는 목사의 성품이 아주 훌륭하다는 소문을 들은 데다 주말이면 부모님과 예배에 참석하는 친구들을 부러워했다. 그녀는 종종 교회에서 멀리 떨어진 곳에 숨어 예배를 보고 나오는 사람들의 행복한 얼굴을 훔쳐봤다. 교회의 신성한 종소리와 환희에 찬 사람들의 얼굴을 볼 때마다 그녀는 교회 안에서 일어나는 일이 궁금했다.

그러던 어느 날, 린다는 용기를 내서 사람들이 교회로 들어갈 때 슬쩍 따라가 맨 뒷줄에 앉았다. 마침 목사가 연설을 시작했다.

"과거와 미래는 다릅니다. 과거에 성공했다고 미래에도 성공하리라는 보장은 없으며, 과거에 실패했다고 미래에도 실패하리라는 법도 없습니다. 과거의 성공과 실패는 과거에 불과하며, 미래는 현재에 따라 달라지기 때문입니다. 현재무엇을 하고 어떤 선택을 하는지가 여러분의 미래를 결정합니다! 따라서 실패했다고 좌절할 것도, 성공했다고 우쭐할 필요도 없습니다. 성공과 실패는 인생의 수많은 사건 중 하나에 불과합니다. 세상에는 영원한 성공도 영원한 실패도 없습니다."

린다는 목사의 말에 감동하며 뜨거운 눈물을 흘렸다. 목사의 말을 들으니 상처받은 영혼까지 치유되는 기분이 들었다. 하지만 그런 생각도 잠시, 그녀는 자신을 일깨웠다.

'사람들에게 발견되기 전에 얼른 여기서 나가야 해.'

그 뒤로도 린다는 목사의 이야기를 듣기 위해 교회에 숨어들었다. 하지만 평소 겁 많고 자존감 낮았던 그녀는 자신이 교회에 들어올 자격이 없다고 생각하며 괴로워했다.

그러다 한번은 린다가 목사의 얘기에 심취해 미리 교회를 빠져나가는 걸 깜박 잊고 말았다. 종소리에 정신이 번쩍 든 그녀 곁엔 이미 사람들이 모여들어 웅성거리고 있었다. 그녀가 도망가지 못하게 입구를 막고 선 사람도 있었다. 의기소침해진 그녀가 어쩔 줄 몰라 하고 있는데 갑자기 누군가가 그녀의 어깨에 손을 올렸다. 흠칫 놀란 그녀가 고개를 돌려보니 어느새 목사가 곁에 와 있었다.

"너는 누구의 아이지?"

목사가 온화한 말투로 물었다. 그것은 린다가 가장 두려워하는 말이었다. 순간 그녀의 얼굴은 불에 덴 것처럼 빨갛게 달아올랐다. 지켜보던 사람들도 놀랐다는 듯이 두 눈을 동그랗게 뜨고 상황을 주시했다. 무거운 침묵이 흘렀다. 할 말을 잃은 그녀는 그저 하염없이 눈물만 흘렸다. 그때 목사가 자애로운 미소를 지으며 말했다.

"네가 누구의 아이인지 내가 맞혀볼까? 넌 하나님의 아이란다."

목사는 린다의 머리를 쓰다듬으며 계속 말했다.

"여기 있는 사람들과 마찬가지로 너도 하나님의 아이란다. 과거는 미래가 될 수 없어. 과거에 네가 얼마나 불행했는지는 중요하지 않지. 그것보다 더 중요한 건 미래에 대한 희망을 품는 거야. 네가 어디에서 왔는지보다는 앞으로 어디로 갈지를 생각해야 해. 미래의 희망을 생각하며 기운을 내렴. 과거는 과거일 뿐! 매사에 긍정적으로 생각하고 행동한다면 분명히 멋진 미래를 맞이하게 될 거야."

목사의 말이 끝나자 우레와 같은 박수가 터져 나왔다. 사람들은 박수로 린다에게 용서를 구하고 격려와 응원의 메시지를 보냈다. 13년 동안 응어리졌던 그녀의 마음도 서서히 녹아내렸다.

시간이 흘러 테네시 주의원이 된 린다는 마흔 살이 되자 주의원직을 내려놓고 사업가로 변신했다. 그녀는 회사를 세계 500대 기업으로 성장시키고 명망 있는 사업가로 명성을 떨쳤다. 그리고 67세에 자신의 경험을 담은 회고록을 출간했다.

불우한 가정사와 마음에 들지 않는 직장, 뜻대로 풀리지 않는 인생사에 늘 불평하고 원망하는 사람이 많다. 여자들 중에는 고난을 견디지 못하고 결혼이라는 그늘 뒤로 숨어버리는 이도 적지 않다. 그리고 결혼생활에 문제가 생기면 발만 동동 구르며 혼란에 빠진다. 이때 다른 사람을 원망하거나 운명을 탓하는 자세는 좋지 않다.

힘든 현실에서 도망치려 해서는 안 된다. 세상에 '영원한 안식처'는 없으며, 부모도 그런 존재가 되어줄 수는 없다. 남자 친구도 남편도 마찬가지다. 자신의 문제는 스스로 해결할 수 있는 독립심을 키워야 한다.

신은 누구에게나 똑같은 기회와 고난을 선사한다. 한 나라의 리더이든 거리를 떠도는 거지이든 신에게는 동등한 존재이기 때문이다. 한 번의 고난으로 완전히 무너지는 인생은 없으며, 그러한 고난은 오히려 사람을 강하게 단련한다. 따라서 고난을 두려워하지 말고 정면으로 마주 볼 수 있어야 한다.

결혼을 인생의 종착역으로 생각하는 여자가 많다. 그들은 결혼을 기점으로 그때까지 힘들게 쌓아온 학력과 경력, 수많은 경험을 가차 없이 내버린다. 그러고는 인생의 가치와 행복을 오로지 남편에게서 찾으려 한다.

인생의 꽃 같은 시절에 움켜쥔 올리브 가지를 스스로 내팽개치는 여자도 많다. 직장에서 잘나가던 많은 이가 결혼과 동시에 일을 그만두고 가정주부로 사는 삶을 선택한다. 어떤 이는 그림 같은 별장이나 정원에 앉아 우아하게 차를 마시며 독서를 즐기는 환상을 갖는다. 하지만 현실은 절대 그렇지 않다. 그렇다고 예전의 생활로 돌아가기도 쉽지 않다. 여자라고 해서 가정에 지나치게 의존할 필요는 없다. 독립성을 상실한 여자에게서는 생기도 매력도 느껴지지 않는다.

여자들에게는 무한한 잠재력이 있다. 문제를 회피하거나 자신의 가치를 증명하기 위한 수단으로 결혼을 선택해서는 안 된다. 말라비틀어진 고목이 아니라 꽃이 활짝 핀 나무처럼 살아야 한다. 시작은 힘들었지만 아름다운 결실을 본 여자도 많다.

어릴 때부터 '저주받은 아이'로 낙인 찍힌 채 자란 여자가 있었다. 그녀는 자신의 재능을 믿어주는 사람 없이도 부단한 노력과 강인한 마음으로 큰 성공을 이루었다.

그녀가 자란 곳은 뉴질랜드의 작은 마을로, 외부와의 접촉이 거의 없는 폐쇄된 지역이었다. 마을에서는 남들과 조금이라도 다른 행동을 하는 사람들에게 적의를 드러내고 돌을 던지며 배척했다. 그 마을 출신인 그녀는 생각이 많고 말수가 적었으며, 소심하고 겁이 많아 사람들과 어울리길 좋아하지 않았다. 마을 사람들은 그런 그녀를 이상하게 생각하며 멀리했다.

그녀는 마을 사람들의 태도에 더 위축되었고 자신을 좋아하는 사람은 아무도 없다는 생각으로 괴로워했다. 초등학교에 입학하기 전까지는 가족들과 약간의 대화는 가능했는데, 학교에 다니고부터는 그마저도 힘들어졌다. 어머니는 그녀에게 어떤 기대도 하지 않았다. 같은 반 친구들은 그녀의 어눌한 말투와 부자연스러운 발음을 비웃으며 따돌렸다.

그녀는 심각한 자폐증과 우울증, 정신분열증 진단을 받았다. 그녀는 항상 거대하고 무거운 무언가에 짓눌려 숨이 막힐 것 같은 공포에 시달렸다. 급기야 그녀는 극도의 정신착란 증세를 일으켰고 결국 정신병원에 입원해야 했다. 정신병자들과 한방을 쓰게 된 그녀는 매일 색색의 알약을 한 움큼씩 먹으며 정신병 치료를 받았다.

마을 사람들의 머릿속에서 그녀의 존재는 서서히 잊혔고 가족들도 그녀를 떠올리지 않았다. 그러던 어느 날, 마음씨 착한 수녀가 그녀를 찾아와 이야기를 들려주었다.

"어릴 때 큰 병을 앓아 청력을 잃은 남자아이가 있었어. 나는 아이에게 매일 책을 읽어주며 소리를 다시 들을 수 있을 거라고 얘기해주었단다. 그리고 침대 머리맡에 목련화를 두고는 희망을 잃지 않고 노력한다면 언젠가 꽃피는 소리가 들릴 거라고 했지."

"그 뒤에 어떻게 됐어요?"

궁금증을 참지 못한 그녀는 수녀에게 물었다. 그녀의 눈빛은 어느 때보다 더 밝게 빛나고 있었다. 수녀가 웃으며 대답했다.

"아이는 목련화가 피는 소리를 들을 수 있었단다. 하지만 꿈일지도 모른다고 생각했지. 내가 이름을 불렀을 때야 아이는 비로소 꿈이 아닌 걸 깨닫고 감격했지. 꿈이 있다면 그것을 열심히 끌어당기렴. 꿈은 하나님이 보낸 천사거든. 네가 믿는 만큼 힘이 생길 거야."

수녀의 말을 귀담아들은 그녀는 훗날 사람들을 깜짝 놀랄 일을 벌였다. 유명한 잡지에 자신의 글을 발표한 것이다. 사람들은 그제야 그녀의 존재를 떠올렸다. 그녀가 입원해 있는 병원 의사들은 어안이 벙벙해져서 할 말을 잃었다. 그녀의 어머니는 자신이 낳은 딸에게 그런 재능이 있는 줄 꿈에도 몰랐다며 황당해했다. 마을은 발칵 뒤집혔고, 그녀를 무시하고 괴롭히던 사람들은 부끄러워 진땀을 흘렸다. 수많은 역경을 딛고 자기와의 싸움에서 승리한 여자 이야기는 뉴질랜드의 유명 작가 제인 나이트의 실화다.

제인 나이트는 꿈을 통해 자신의 가치를 높이고 인생을 풍요롭게 만들었다. 고난과 역경 속에서도 스스로 포기하지 않는다면 세상 또한 그에 응답해줄 것이다.

남성 위주의 사회에서 작은 부분을 담당하며 여전히 남자의 보호 속에 안락한 삶을 누리려는 여자들이 있다. 이들은 결혼생활이 깨지거나 배우자가 세상을 떠났을 때 독립적인 생활 능력이 부족해서 큰 어려움에 빠지곤 한다. 하지만 지혜로운 여자들은 위급한 상황을 미리 대비하여 제 살길을 잘 찾는다.

이혼했지만 모아둔 돈도 없고 경제적인 능력이 부족해서 전기요금과 수도요금 고지서만 봐도 화를 내는 여자가 있다. 남편이 죽고 수입원이 사라지자 울며 겨자 먹기로 다시 생업 전선에 뛰어든 여자도 있다.

남편을 돈 벌어다 주는 사람으로만 생각하는 여자도 꽤 많다. 지혜로운 여자는 결혼해도 사회와의 인연을 완전히 끊지 않는다. 또한 손해를 보는 한이 있어도 전문 기술을 썩히지 않는다. 그들은 자기 인생은 결국 본인의 힘으로 책임져야 한다는 사실을 잘 알고 있다. 남자들도 독립성이 강한 여자에게 매력을 느끼며 존경의 시선을 보낸다.

따라서 여자들도 가정의 울타리에만 머물지 말고 더 넓은 곳으로 나아가 독립성을 키우고 스스로 고난을 이겨낼 힘을 키워야 한다.

고난은 나를 강하게 만든다

♡ ♡ ▽   👤

♥

한 번의 고난으로 완전히 무너지는 인생은 없다. 고난을 두려워하지 말고 정면으로 마주볼 수 있어야 한다.

희망은 절망 속에서 찾아온다

"우리 몸에는 자기도 모르는 힘이 숨어 있습니다. 위기로 쓰러져도 다시 일어설 수 있는 것은 이런 잠재된 힘 때문입니다. 물론 위기는 종종 사람들을 헤어나기 어려운 지경으로 몰고 갑니다. 하지만 내면에 잠재된 힘을 끌어낸 사람들은 위기가 찾아왔을 때 더 침착해집니다."

내면이 강한 여자들은 천사의 빛을 발산한다. 지혜로운 여자는 강인한 내면의 힘이 얼마나 센지 알고 있다. 역경지수Adversity Quotient는 역경을 딛고 일어설 줄 아는 용기, 혼란스러운 상황에서도 침착함과 미소를 유지하려는 태도, 넓은 이해심 등을 포함한다.

벨라는 아버지에게 말했다.

"제가 보기엔 세상에는 친구도 적도 없어요. 사람들의 영혼과 제 영혼은 서로 연결된 것 같거든요."

벨라처럼 품성이 훌륭한 사람은 세계와 조화롭게 살아간다. 나를 사랑하듯 남을 사랑하라고 말하는 성인처럼 훌륭한 품성을 갖추기란 어려운 일이다. 하지만 적어도 증오심으로 얼굴을 찌푸리거나 시련의 고통으로 자신을 망가뜨리지 않을 수는 있을 것이다.

스스로 곤경을 초래하고서도 모든 비난의 화살을 남편이 자신에게 관심을 주지 않았기 때문으로 돌리는 여자가 적지 않다. 그들은 고난과 시련을 많이 겪어보지 않아서 나약하고 쉽게 무너지기 일쑤다. 하지만 일부 강인한 내면과 매력적인 품성을 갖춘 여자들은 역경 속에서 훨씬 더 빛이 난다.

품성이 뛰어난 사람은 부정적인 생각을 빠르게 물리치고 어떤 어려운 상황에서도 긍정적인 태도를 잃지 않는다.

사라 베르나르는 50여 년간 관객들의 사랑을 한 몸에 받은 독보적인 배우였다. 그러나 그녀는 71세 때 파산 신청을 하고, 설상가상으로 한쪽 다리를 절단해야 한다는 진단을 받았다.

그녀는 대서양을 횡단하는 여객선 갑판 위에서 넘어지는 바람에 다리를 심하게 다쳤다. 그때 입은 부상은 정맥염과 경련으로 이어졌고 상처 부위는 쉽게 낫지 않았다. 의사는 사라에게 다리를 절단해야 한다는 사실을 있는 그대로 설명하기가 두려웠다. 사라는 화를 잘 내는 성격이었는데, 그 소식을 들으면 분명 노발대발할 것이었다. 그런데 설명을 들은 사라는 뜻밖에도 침착한 태도를 유지하는 게 아닌가? 그녀는 의사를 힐끗 보더니 말했다.

"그게 최선이라면 어쩔 수 없죠."

수술실로 들어가는 사라를 보며 그녀의 아들은 상심한 표정으로 눈물을 흘렸다. 사라는 미소를 지으며 말했다.

"너무 걱정하지 마. 곧 돌아올게."

그녀는 마치 여행을 떠나는 사람처럼 수술실로 향했다. 수술실로 들어가기 직전, 그녀는 자신이 출연한 연극의 대사 한 구절을 중얼거렸다. 옆에 있던 사람들은 그녀에게 연극 대사를 읊으며 두려움을 잊으려는 거냐고 물었다. 그러자 사라는 예상 밖의 말을 했다.

"아니에요. 의사 선생님과 간호사 선생님들이 저를 지나치게 걱정하는 것 같아서 긴장을 풀어주려고요."

수술이 끝난 후 사라는 안정적인 회복기를 거쳐 무사히 일상으로 돌아갔다. 그 뒤로 사라는 7년이나 더 팬들 곁에 있었다. 비록 다시는 무대에 오르지 못했지만, 그녀는 강인한 정신과 인품으로 사람들의 사랑을 받았다.

사람은 잔잔한 호수 같은 인생보다는 거친 파도가 몰아치는 바다 같은 인생에서 더 단단해진다.

인생의 위기가 찾아왔을 때, 일이 뜻대로 풀리지 않을 때 어떻게 해야 할까? 지나치게 걱정하거나 두려워하지 말고 긍정적인 태도를 유지하는 것이 중요하다. 나약해지지 말고 적극적으로 위기를 돌파해 나아가야 한다.

자기보다 운이 좋은 사람을 보면 시기, 질투하는 이가 많다. 그들은 자신이 아닌 다른 사람을 편애한 신을 끊임없이 원망한다. 하지만 행운을 타고난 것 같은 사람들이 어떤 역경을 겪고 그 자리까지 왔는지 안다면 신을 원망할 수만은 없을 것이다.

왼쪽 다리를 움직이지 못하는 흑인 소녀가 있었다. 그녀는 다른 아이들처럼 뛰놀지 못하는 자신의 운명을 저주했다. 시간이 흐를수록 그녀의 우울증과 열등감은 점차 심해졌고, 자폐 증상까지 보였다.

그녀의 유일한 친구는 이웃집에 사는 외팔이 노인이었다. 노인은 전쟁에서 한쪽 팔을 잃었지만 누구를 원망하거나 탓하지 않고 늘 쾌활하게 살았다. 그녀는 이웃집 노인에게 정신적으로 의지했기에 노인의 이야기를 들으며 시간을 보내곤 했다.

그러던 어느 날, 노인은 소녀가 탄 휠체어를 밀고 근처 유치원으로 산책을 갔다. 그곳에서 아이들은 노래하고 춤추며 신나게 뛰놀고 있었다. 노인은 휠체어에 탄 그녀의 눈이 반짝이는 것을 보았다. 평소의 어둡고 침울한 얼굴은 전혀 찾아볼 수 없었다. 그때 마침 한 아이의 노래가 끝났다. 노인이 말했다.

"우리도 노래를 들었으니 박수를 쳐줄까?"

그녀는 깜짝 놀라 물었다.

"할아버지는 손이 하나뿐인데 어떻게 박수를 쳐요?"

노인은 가볍게 웃더니 셔츠 단추를 풀고는 한쪽 손으로 가슴을 때리기 시작했다. 초봄이라곤 해도 아직 한기가 가시지 않은 꽤 쌀쌀한 날이었다. 노인의 모습을 본 그녀는 가슴 깊은 곳에서 힘이 솟구치는 것을 느꼈다. 노인이 미소를 지으며 말했다.

"내가 한 손으로 박수를 친 것처럼 너도 노력만 한다면 휠체어에서 일어설 수 있을 거야!"

그날 저녁, 집으로 돌아온 그녀는 쪽지에 한 문장을 써 벽에 붙였다.

'한 손으로도 박수를 칠 수 있다.'

그녀는 다음 날부터 병원에서 재활치료를 시작했다. 결국 그녀는 아홉 살 되던 해에 늘 의지하던 보조기구 없이도 걸을 수 있게 되었다. 걸을 때마다 엄청난 고통이 밀려왔지만, 그녀는 언젠가 다른 아이들처럼 걷고 뛸 수 있을 거라는 믿음으로 견뎠다.

열한 살이 된 그녀는 더 높은 목표를 세우고 농구와 육상을 시작했다. 1960년, 그녀는 로마올림픽 여자 100미터 달리기에서 11초 2의 기록으로 금메달을 수상했다. 그녀를 지켜본 사람들은 한계를 뛰어넘은 그녀의 도전에 박수갈채를 보냈다. 이 이야기의 주인공은 미국 흑인 육상선수 윌마 루돌프다. 윌마는 로마올림픽 육상 여자 종목100미터, 200미터, 400미터 릴레이에서 흑인 최초로 3개의 금메달을 거머쥐었다.

추운 겨울을 견디고 싹을 틔운 꽃처럼 위기 속에서도 강인한 정신과 긍정적인 마음으로 자신의 한계를 극복한 여자의 인생은 아름답다. 눈앞에 험난한 길이 펼쳐지더라도 맑은 영혼을 가지고 있다면 길목마다 천사들의 합창이 들려올 것이다.

도망치지 않고 맞서 싸울 때 성장한다

인생이 뜻대로 풀리지 않는다고 불평하는 이가 많다. 그들은 타인에게는 관대한 운명이 자신에게만 유독 각박하다고 생각한다. 그리고 늘 불만이 가득한 말들로 주변 사람들을 괴롭힌다. 그들의 불평과 불만은 탐욕을 낳고, 그러한 탐욕은 결국 자기 자신과 사랑하는 사람들을 파괴한다.

불행은 불공평한 운명 탓이 아니라 자신이 가진 것에 감사할 줄 모르고 끊임없이 남의 것을 탐하는 인간의 탐욕이 초래한 결과다.

편협하고 폐쇄적인 생각을 지닌 사람은 눈앞의 행복을 보지 못한다. 에머슨은 말했다.

"자연의 다양한 모습을 빠르게 포착하는 사람은 행복해질 수 있다. 자연은 그들에게 특별한 아름다움을 선사한다."

사람들이 가까이에 있는 행복을 발견하지 못하는 이유는 하늘의 뜻 때문이 아니라, 깊은 생각과 강한 의지 그리고 예리한 통찰력이 부족하기 때문이다. 따라서 구세주를 만나게 해달라고 빌거나 자신이 품은 부정적인 감정을 남 탓으로 돌리지 말아야 한다. 지혜롭게 탐욕을 몰아내고 매사에 감사해야 한다.

뉴저지주에 사는 팔머는 말했다.

"육군에서 퇴역한 지 얼마 후 저는 사업을 시작했어요. 밤낮없이 일해서 사업을 크게 키웠죠. 그런데 곧 골치가 아프기 시작했어요. 생산량을 더 늘리고 싶은데 그러려면 원자재와 부품이 훨씬 더 필요했거든요. 그런데 아무리 수소문해도 공급업체를 찾는 게 쉽지 않더라고요. 저는 점점 괴팍하고 깐깐한 사람이 되어갔어요. 그리고 사랑의 보금자리였던 가정마저 잃어가고 있었죠. 물론 그때는 그 사실조차 깨닫지 못했지만요.

어느 날, 옛 전우가 찾아와 말했어요.

'네 꼴 좀 봐. 세상에서 가장 불행한 사람처럼 보이는군! 최악의 상황까지 가야 정신 차리겠어? 지금 일에서는 손 떼고 처음부터 다시 시작하는 게 어때? 희망을 가지라고. 나는 폭탄이 터지면서 한 팔을 잃었지만 너에게는 건강한 두 팔이 있잖아. 여기서 멈추지 않으면 소중한 가족과 친구들까지 모두 잃고 말 거야.'

그의 말을 듣고 나자 정신이 번쩍 들었어요. 저는 제가 이미 많은 걸 가졌다는 사실을 깨닫고 욕심을 내려놨어요. 그랬더니 얼마 후 거짓말처럼 공급업체가 저를 찾아왔죠. 결국 저는 원하는 걸 다 얻었어요."

지혜로운 사람은 현재의 삶에 만족하며 그 자체만으로도 행복을 느낀다. 그들은 사사로운 이득을 위해 욕심부리지 않으며 시간과 정력을 낭비하지 않는다. 사적인 이득을 얻으려고 시간과 정력을 쏟는다 해도 좋은 결과를 기대하기란 어렵다. 욕심을 내려놓고 자신의 틀을 깰 수 있다면 마음이 열리고 사고가 확장되면서 예전과는 전혀 다른 행복을 느끼게 될 것이다.

나폴레옹 보나파르트는 가난한 집안 출신임에도 자존심

이 강한 아버지의 강요로 귀족들만 다닌다는 브리엔 왕립군사학교에 들어갔다. 부유층 자녀들이 모인 학교에서 '촌뜨기' 나폴레옹은 온갖 멸시와 조롱의 대상이 되었다. 모욕을 견디다 못한 그는 아버지에게 편지를 써 다른 학교로 보내 달라고 부탁했다. 하지만 아버지는 그의 부탁을 단칼에 거절했다. 나폴레옹은 어쩔 수 없이 학우들의 멸시와 조롱에서 벗어나기 위해 열심히 공부했다. 밤낮없이 공부에 매진한 그가 학교에서 최우수 학생이 되자 학우들의 대접이 달라지기 시작했다. 촌뜨기인 줄로만 알았던 나폴레옹의 새로운 면모를 발견한 학우들은 더는 그를 함부로 대하지 않았다.

나폴레옹은 열여섯 살 되던 해에 소위로 임명되었다. 하지만 아버지가 세상을 떠나는 바람에 박봉의 군인 월급으로 어머니를 부양해야 했다. 빈곤했지만 그는 오히려 투지를 불태웠다. 나폴레옹은 방탕한 생활로 허송하는 친구들과 달리 자신의 운명을 바꾸기 위해 최선을 다했다. 늘 도서관에 틀어박혀 공부했으며 끊임없이 지식을 쌓았다. 그는 단순히 가난에서 벗어나겠다는 것보다 위대한 꿈을 품었다. 바로 국가의 최고 통치자가 되어 민족을 위해 봉사하겠다는 꿈이었다.

나폴레옹은 총사령관이 될 계획을 세우고 코르시카섬의 지도를 제작하는 등 치밀한 군사 작전을 준비했다. 그는 영리한 두뇌와 다년간 쌓아온 지식을 총동원하여 자신의 꿈을 이루었다. 그동안 나폴레옹을 조롱하고 깔보던 사람들은 앞다투어 그에게 머리를 조아렸고 그와 친분이 있다는 사실만으로도 대단한 영광으로 여겼다. 나폴레옹을 무시하고 경멸하던 사람들도 태도를 바꿔 그를 숭배했다.

나폴레옹은 열악한 상황에서도 운명을 탓하거나 다른 사람을 원망하지 않았다. 그는 미래의 청사진을 그리며 스스로 운명을 개척했다. 원대한 목표를 달성하기 위해 온갖 역경 속에서도 이성을 잃지 않았던 나폴레옹은 자신을 믿고 용감하게 앞으로 나아갔다.

천재는 장애물을 만났을 때 좌절하거나 도망가지 않으며, 오히려 더 큰 잠재력을 발휘한다. 천재는 인생의 위기가 찾아오면 무너지지 않고 더 크게 도약한다. 그들은 위기를 기회로 삼아 꿈의 날개를 활짝 펴고 더 높이 날아오른다.

아프리카에서는 매일 수많은 사람이 굶어 죽고 있다. 오지 마을에서는 목숨을 걸고 석탄을 운반해야 겨우 한 끼 식사를 해결할 수 있다. 이러한 사실을 안다면 자신에게 주어진 삶에 감사함을 느낄 것이다. 건강한 몸과 사랑하는 가족, 늘 곁을 지켜주는 친구들, 굶주리지 않아도 되는 생활에 감사하지 않을 이유가 없다.

행복은 누구나 꺾을 수 있는 들꽃도, 언제 떨어질지 모르는 황금 사과도 아니다. 행복은 각자 주어진 상황에서 감사함을 느끼며 노력한 자에게 주어지는 선물이다. 욕심을 버리고 순수한 마음으로 매일 최선을 다하는 사람만이 하늘이 선물한 행복을 느낄 수 있다.

도망치지 않고 맞서 싸울 때 성장한다

순수한 마음으로 매일 최선을 다하는 사람만이 하늘이 선물한 행복을
느낄 수 있다.

2

여유 있는 행동은 침착한 마음에서 나온다

스스로 돕는 자는 인생의 희로애락에 영향을 받지 않는다. 의지가 강한 사람만이 진정으로 독립된 삶을 누릴 수 있다. 무슨 일이 생겨도 타인에게 기대지 않고 스스로 자신의 행복을 지켜야 한다. 혼란스러운 상황에서도 의지가 강한 사람은 내면의 천국에서 평안한 삶을 누릴 것이다.

행복한 삶을 위해 마음의 안정을 찾아라

에머슨은 말했다.

"자연은 우리 영혼의 동반자다."

마음으로 환경을 바꾸면 행복의 문을 열 수 있다. 마음이 즐거우면 바람 한 점 통하지 않는 방에 창문을 낸 것처럼 시원한 바람이 들어온다.

자신의 상처를 전시하듯 세상에 드러내는 여자들이 있다. 그들은 행복이라는 깃발을 들고 있는 게 부담스럽다는 이유로 절대 손에 쥐려 하지 않는다. 그럼으로써 세상이 자신에게 빚을 지고 있다 주장한다.

마음의 안정은 행복의 또 다른 표현이다. 사람들은 행복해지기 위해 마음의 안정을 원하기 때문이다. 세상일로 일희일비하지 않고 욕심과 부정적인 생각을 버리면 마음의 안정을 찾을 수 있다. 하지만 감정을 통제하지 못하면 절대 불가능하다. 아무리 조건이 좋아도 마음의 안정 없이는 진정한 행복을 누리지 못한다. 감정을 통제하며 마음의 안정을 유지할 수 있는 여자는 어떤 상황에서든 행복을 찾아낸다.

제니퍼의 꿈은 하와이에서 휴가를 보내는 거였다.

"단 며칠이라도 하와이에서 휴가를 즐기고 싶어."

결국 그녀는 남자 친구와 하와이로 떠날 계획을 세웠고, 수업 시간마다 들뜬 목소리로 말했다.

"삼 주 뒤에는 하와이 해변을 거닐고 있을 거야!"

"일주일 뒤에는 하와이 해변에 누워 열대음료를 마시고 있을 거야!"

몇 주 뒤, 제니퍼는 휴가를 마치고 돌아왔다. 즐거운 휴가를 보냈냐는 질문에 그녀는 이렇게 답했다.

"아니. 하와이 휴가는 내가 오랫동안 바라던 꿈이었어. 그래서 준비도 철저히 했고 시간과 돈도 많이 썼지. 그런데 막상 하와이에 도착하니 전혀 즐겁지 않았어. 심지어 아무런 감흥이 느껴지지 않는 거야. 하와이만 가면 행복해질 줄 알았는데 도대체 이유가 뭘까? 뭐가 잘못된 건지 도저히 모르겠어."

이런 경험이 있지 않은가? 많은 시간과 노력을 들여 원하던 꿈을 이뤘는데 행복은커녕 어떤 감흥도 느껴지지 않는 것이다. 이것은 상실감의 일종이다. 문제의 근본 이유는 행복을 자기 안에서 찾으려 하지 않고 외부 세계나 다른 사람에게서 찾으려 했기 때문이다.

하와이의 멋진 야자수와 푸른 바다, 감미로운 음악에도 제니퍼가 행복을 느끼지 못한 이유 또한 마찬가지다. 그녀는 하와이와 남자 친구를 통해 행복을 찾으려 했다. 따라서 남자 친구의 기분이 나빠지면 제니퍼도 똑같이 불쾌해졌다.

자기 마음을 안정시키고 공허함을 채워줄 대상을 외부에서 찾으려 해서는 안 된다. 남자 친구도 예외는 아니다. 사랑한다는 명목으로 그런 부담을 주는 것은 상대에 대한 폭력이다.

천국은 내면에 존재한다. 마음의 안정을 유지한다면 무인도에 떨어져도 천국에 거하는 것처럼 행복해질 수 있다.

행복은 회전문과 같아서 정확한 문으로 나가야 얻을 수 있다. 빨리 나가려고 서두르다 잘못된 문으로 나가면 깊은 절망에 빠지고 만다. 남편, 가족, 친구 들도 평범한 사람일 뿐이어서 언제까지고 마냥 의존할 수는 없다.

행복해지기 위해서는 독립적으로 사고해야 한다. 매사 타인에게 의존하지 말고 스스로 하려는 노력이 필요하다.

한여름의 어느 날, 도리스는 인생에 위기가 들이닥쳤음을 직감했다. 그녀는 갑자기 찾아온 도전과 시험으로 말미암아 마음의 균형이 깨진 상태였다.

"제 마음에 지독한 태풍이 휩쓸고 지나간 것 같았어요. 모든 게 산산이 부서져 위태롭게 흔들렸죠. 저는 물에 빠진 사람이 지푸라기라도 잡는 심정으로 친구에게 전화했어요. 친구라면 저를 이해해줄 거라 여겼거든요. 그런데 친구는 강경한 어조로 이렇게 말하더군요. '누가 널 그렇게 불행하게 만들었다고 그래?'라고요. 저는 제 마음을 이해해주지 않는 친구가 너무 야속했어요.

하지만 순간적으로 그녀의 말이 가슴을 울렸죠. 사실 저를 불행하게 만든 사람은 아무도 없었거든요. 누구도 아닌 저 스스로 불러온 일이었죠. 스스로 불행하다는 생각에 빠져 다른 사람에게 제 감정을 인정받으려 했던 거예요. 그렇게 행복은 점점 멀어졌고 제게 남은 건 좌절과 고통뿐이었죠."

신은 언제나 말이 없지만 안정과 행복을 풀과 나무, 꽃과 덤불 속에 숨겨놓았다. 고통과 좌절에서 벗어난 사람만이 비로소 찾을 수 있는 선물이다.

스스로 돕는 자는 인생의 희로애락에 영향을 받지 않는다. 의지가 강한 사람만이 진정으로 독립된 삶을 누릴 수 있다. 무슨 일이 생겨도 타인에게 기대지 않고 스스로 자신의 행복을 지켜야 한다. 혼란스러운 상황에서도 의지가 강한 사람은 내면의 천국에서 평안한 삶을 누릴 것이다.

행복한 삶을 위해 마음의 안정을 찾아라

스스로 돕는 자는 인생의 희로애락에 영향을 받지 않는다.

마음의 티끌을 없애고 삶의 참모습과 마주하라

침착하고 이성적인 여자는 자신의 감정을 잘 통제한다. 자기감정을 통제할 줄 아는 여자는 자신의 가치를 높여 매력을 발산하지만, 그렇지 않은 여자는 아무리 아름다워도 가까이하려는 사람이 없다.

레프 톨스토이의 아내 소피아는 못된 성격의 소유자로 유명했다. 소피아는 허영심이 많고 사치를 좋아했으며, 사회적 지위와 타인의 시선을 무척 중시했다. 톨스토이는 오직 좋은 작품을 쓰는 데만 몰두했고 자신의 재산이 얼마인지 개의치 않았다. 소피아는 돈 욕심이 없는 남편이 못마땅했다. 톨스토이가 판권과 원고료를 포기했을 때 그녀는 남편에게 온갖 비난과 욕설을 퍼부었고 심지어 죽어버리라는 저주까지 했다. 톨스토이는 잦은 부부 싸움으로 아내에 대한 애정이 급속히 식어갔다.

톨스토이는 아내의 표독한 말과 행동에 큰 상처를 입었다. 그는 집을 나왔고, 외롭게 생을 마감했다. 죽기 전에 그는 아내가 절대 곁에 오지 못하게 해달라는 유언을 남겼다.

부부간의 무관심과 갈등이 심해지면 극단의 상황이 초래된다. 탐욕과 허영은 여자의 매력을 떨어뜨리고 결혼생활까지 망가뜨릴 수 있음을 명심하자.

여성은 감정의 동물이다. 조금 전까지 웃고 떠들다가도 금세 얼굴에 그늘을 드리운다. 자신의 감정을 조절하지 못하는 여자는 아무리 미모가 빼어날지라도 남자들의 기피 대상이 된다.

리사는 평소 특별히 눈에 띄지는 않지만 능력 있는 비서다. 어느 날, 그녀는 중요한 서류를 빠뜨리는 큰 실수를 저질렀다. 나는 누구나 실수할 수 있다고 생각했으므로 그녀의 잘못을 지적하는 정도에서 넘어갔다. 하지만 그날 이후 그녀의 태도가 달라지기 시작했다. 늘 마음이 딴 곳에 가 있는 사람처럼 지시를 내려도 한 번에 알아듣지 못했을뿐더러 실수 또한 잦아졌다. 나는 지난번에 나무란 일 때문에 그런 건가 싶어 마음이 쓰이면서도 그녀가 왜 그런 양상을 보이는지 이해가 안 되었다.

며칠 뒤, 나는 다른 직원으로부터 리사가 집에서도 부쩍 말수가 줄어들고 요즘 들어서는 툭 하면 화를 내거나 부모님과 말다툼을 해서 걱정된다는 얘길 전해 들었다. 나는 리사의 상태가 심각한 걸 느끼고 그녀를 불러 예전에 질책한 일을 사과했다. 리사가 말했다.

"아닙니다. 제게 사과하실 필요 없어요. 다 제 잘못인걸요. 사실 예전부터 사표를 내려고 했어요. 그날 이후 자신감이 크게 떨어졌거든요. 아직도 그날 제가 한 실수가 자꾸 생각나서 일에 집중이 안 돼요. 자꾸 불안하고 초조해져서 더 많은 실수를 하게 되더라고요. 이제는 도저히 못 견디겠어요. 죄송합니다."

그녀는 울면서 자리를 떠났다. 나는 순간 당황했지만 진심으로 그녀를 돕고 싶었다. 나는 사표를 수리한 뒤, 그녀를 워싱턴에 있는 유명한 심리학자 존 월레스에게 데려가 상담을 받게 했다.

월레스가 말했다.

"리사는 지금 심각한 혼란을 느끼고 있습니다. 긍정적인 사람은 작은 일로 크게 흔들리지 않아요. 정신적, 육체적으로 건강하죠. 하지만 부정적인 사람은 사소한 일로도 쉽게 무너지고 정상적인 생활까지 힘들게 해요."

리사는 생각보다 위험한 상태였다.

"어떻게 해야 좋아지죠?"

"스스로 자기감정의 주인이 되어야 해요."

이런 문제에 빠지는 이유는 무엇일까? 아마도 중대한 실수나 타인의 평가가 문제의 발단이 되었을 것이다. 하지만 그들에게 나타난 감정의 변화와 혼란은 해 뜨기 직전의 어둠과 같다. 어둠 속에서 조금만 견디면 찬란한 태양을 볼 수 있다.

세상에는 복잡하고 어지러운 일들이 매일 일어난다. 따라서 사람 마음도 파도에 흔들리는 배처럼 이리저리 요동친다. 이때 마음을 통제하고 자기감정의 주인이 되어야 동요 없이 올바른 방향으로 나아갈 수 있다.

지혜로운 여자는 감성지수가 높기 때문에 자신의 감정은 물론이고 타인의 감정까지 조절할 줄 안다. 그런 여자는 그야말로 다이아몬드처럼 반짝반짝 빛이 난다.

타인에게 의존하려는 성향이 강할수록 혼자 있는 것을 꺼린다. 그러다 보니 스스로 원해서 혼자 있기보다 어쩔 수 없어서 혼자 있는 경우가 많다.

지혜로운 여자는 혼자 있는 시간을 통해 자신과 마주하며 내면을 채운다. 그들은 친구들과 쇼핑을 하지 않더라도, 남자 친구와 데이트를 하지 않더라도, 사람들과 동호회 활동을 하지 않더라도 혼자만의 시간을 즐길 줄 안다.

배우자나 남자 친구가 곁에 없을 때 불안해하는 여자가 의외로 많다. 남자들은 종종 '동굴'로 들어가 혼자만의 시간을 보내는데, 그때 여자들은 버림받았다고 단정하면서 괴로워한다.

캐롤라인의 남편은 대학교수로, 강의 준비를 하거나 연구를 할 때 외에는 늘 그녀와 함께 시간을 보냈다. 그녀의 남편은 자상하고 배려심이 깊은 데다 깜짝 선물도 자주 하는 낭만적인 남자였다.

그런 그가 어느 날부터인가 한 달에 며칠씩 방 안에 틀어박혀 아무하고도 말하지 않았다. 캐롤라인은 그럴 때마다 불안해하며 남편에게 물었다.

"왜 그래? 무슨 생각을 그렇게 하는 건데?"

그러면 남편은 늘 이렇게 대답했다.

"아무 생각도 안 해. 잠깐만 조용히 있고 싶을 뿐이야."

캐롤라인은 남편의 말을 믿을 수 없었다.

"며칠 전까지만 해도 아무 일 없었는데 갑자기 이러는 이유가 뭐야? 불만이 있으면 말로 해."

"불만 없어. 난 그냥 혼자만의 시간이 필요한 거야."

남편은 아무 일도 아니라는 듯 답했다. 캐롤라인은 그제야 남편이 게을러졌거나 바람을 피우는 게 아니라 혼자만의 '동굴'에서 조용히 생각하고 싶은 것임을 알아챘다.

남편에 대한 오해가 풀리자 캐롤라인도 혼자만의 시간을 가져보기로 했다. 그녀는 오직 자신을 위해 커피를 내렸다. 원두를 갈고 커피를 내리는 동안 마음이 차분해지면서 점점 편안해졌다.

그녀는 오랜만에 피아노 앞에 앉았다. 오랫동안 치지 않아서 생각이 잘 나지 않았지만 그래도 손가락을 건반에 올려놓았다. 어느새 '꿈속의 결혼식' 악보에 맞춰 저절로 손가락이 움직였다. 아름다운 피아노 선율이 제법 은은하게 울려 퍼졌다.

그 뒤로도 캐롤라인은 종종 고향 집으로 내려가 혼자만의 시간을 가졌다. 어릴 때 사용했던 작은 방에 앉아 생각나는 대로 글을 썼다. 소설가가 되는 것은 한 번도 생각해본 적 없는데 놀라운 일이 일어났다. 캐롤라인은 자신이 쓴 소설을 보며 형용할 수 없는 희열을 느꼈다.

캐롤라인의 변화에 가장 놀란 사람은 남편이었다. 캐롤라인은 훨씬 더 매력적이고 자신감 있는 사람이 되어 있었다. 그녀는 남편 기분이 가라앉았을 때 기운을 북돋아줄 줄 아는 쾌활한 성격의 소유자가 되었다.

누구나 혼자만의 시간을 통해 마음의 안정과 평화를 느끼며, 정신적인 여유를 찾을 수 있다.

비서로 일하던 테스는 출장이 잦은 남편에게 불만이 많았다.

"요즘은 일주일 내내 출장이에요. 어쩌다 금요일 저녁에 겨우 집에 오면 그때부터 주말까지 방 안에 틀어박힌 채 아무것도 안 하려고 해요. 남편이 없을 때 저는 가사와 아이들 돌보는 것까지 혼자서 다 하는데 말이죠. 최근 이 년 동안은 저도 주말에 쉬어본 적이 없어요. 남편을 이해 못 하는 건 아니에요. 하지만 둘이 함께 보내는 시간이 너무 부족해서 많이 걱정돼요."

며칠 뒤, 테스는 결국 폭발하고 말았다. 아이가 아팠는데 눈코 뜰 새 없이 병간호하는 그녀와 달리 남편은 평소처럼 산책을 갔다 왔기 때문이다. 화가 머리끝까지 난 그녀가 따지자 남편이 놀라며 물었다.

"왜 좀 더 일찍 말해주지 않았어?"

남편은 그녀와 시간을 정해서 아이를 돌보기로 하고, 간병인도 따로 고용했다. 남편이 말했다.

"당신도 주말에 혼자만의 시간을 가져봐. 몇 시간만이라도 외출하면 세상이 얼마나 아름다운지 느낄 수 있을 거야."

그때부터 테스는 주말에 몇 시간씩 혼자만의 시간을 보냈고, 남편의 말이 무슨 뜻인지 이해할 수 있었다.

지혜로운 여자는 혼자만의 시간을 통해 생각을 정리하고 내면의 소리에 귀를 기울일 줄 안다.

지금부터라도 수다, 쇼핑, 드라마에서 벗어나 하루 30분씩 독서를 하며 생각하는 힘을 키워보자. 시간이 흐르면 전혀 다른 나 자신을 발견할 수 있을 것이다.

잠시 시끌벅적한 공간에서 벗어나 조용히 혼자만의 시간을 보내보자. 이를 통해 생각하는 힘과 지혜의 열쇠를 얻는다면 행복한 인생에 한 걸음 더 다가갈 수 있다.

마음의 티끌을 없애고 삶의 참모습과 마주하라

누구나 혼자만의 시간을 통해 마음의 안정과 평화를 느끼며, 정신적인 여유를 찾을 수 있다.

더 이상 끌려다니지 마라

매력의 의미를 오해하는 여자가 많다. 그들은 아름다운
외모, 화려한 의상, 값비싼 화장품, 늘 따라다니는 사람들,
고급스러운 사교 모임을 매력적인 여자의 조건으로 착각한
다. 하지만 사람들은 공작새처럼 화려하게 꾸미거나 명품을
걸친 여자보다 상대방을 배려하고 편안하게 해주는 여자에
게 더 큰 매력을 느낀다.

지혜로운 여자는 인생의 '삭제' 버튼을 누를 줄 안다. 그
들은 무엇을 취하고 무엇을 버릴 것인지, 자기 삶을 위한 최
고의 선택이 무엇인지 잘 알고 있다. 남들보다 신발 하나를

덜 가지고 있다 해서 큰일이 일어나지는 않지만, 남들보다 관용과 사랑 그리고 유머가 부족하면 주변 사람들이 힘들어진다.

평소 말하길 좋아하는 여자가 있었는데, 그녀는 값비싼 옷을 걸친 친구를 볼 때마다 자신의 현실을 원망하며 우울해했다. 그녀는 능력 있는 남편과 똑똑한 딸, 사랑이 넘치는 가정에서 남부럽지 않게 살면서도 늘 불평불만을 달고 살았다.

"스트레스 받아서 못 살겠어요! 지난달에 에이미는 몰디브에서 휴가를 보냈다던데, 제 남편은 돈을 아껴야 한다며 몰디브에 갈 수 없다잖아요!"

불같이 화를 내는 그녀의 얼굴은 욕망의 화신 같았다.

인간의 욕망은 끝이 없다. 존 데이비슨 록펠러는 엄청난 부를 축적하여 세계적인 부자의 반열에 올랐을 때 잘 실감하지 못했다. 재산이 늘어날수록 어깨 위의 짐이 무겁게 느껴질 뿐이었다.

록펠러는 33세 되던 해에 100만 달러를 보유했고 43세 때 세계적인 석유 회사 스탠더드 오일을 설립했다. 하지만 그는 53세가 되어서도 더 많은 재산을 모으기 위해 고심했다. 매일 시간을 아껴가며 자신의 재산을 빼앗기지 않으려고 안간힘을 썼다.

그해에 록펠러는 원인을 알 수 없는 소화기 계통 질병을 앓으면서 머리카락이 뭉텅이로 빠지기 시작했고, 나중에는 눈썹까지 빠졌다. 신경성 탈모증 진단을 받은 그는 어쩔 수 없이 모자를 쓰고 다녀야 했다. 얼마 후 500달러짜리 가발을 맞춘 뒤로 그는 절대 가발을 벗지 않았다.

록펠러는 세계 최고의 부자였지만 간소한 생활을 해야 했다. 매주 수만 달러를 벌어도 그가 먹을 수 있는 음식은 고작 일주일에 몇 달러어치에 불과했다. 의사가 허용한 음식은 우유와 크래커 몇 조각뿐이었다. 그러다 보니 그는 늘 혈색이 없었고 앙상하게 말라갔다.

록펠러의 병은 과도한 근심과 스트레스와 긴장으로 생긴 것이었는데 실제로 그의 상태는 아주 심각했다. 그는 목표를 위해 평생 쉬지 않고 일했다. 측근에 따르면 그는 이득을 본 날엔 모자를 던지며 춤을 췄다고 한다. 아마 손해를 봤다면 바로 앓아누웠을 거라고 덧붙였다.

록펠러는 삶의 즐거움을 느낄 새도 없이 평생 돈을 긁어

모으는 일에만 몰두했다. 그는 늘 이 말을 입에 달고 살았다.

"입 닥치고 일이나 해!"

하지만 록펠러도 걱정과 불만이 많은 평범한 인간이었다. 건강 상태가 계속 나빠지자 그는 혼란스러워했다. 의사는 그에게 돈과 건강 중 하나를 선택해야 한다고 경고했다.

"여기서 멈추지 않으면 죽을 수도 있어요."

의사의 권고에 따라 경영에서 물러난 록펠러는 골프를 치거나 정원을 가꾸며 시간을 보냈다. 늘 돈 벌 생각만 하던 그는 시간이 흐르면서 점차 타인의 삶에 관심을 갖게 되었다. 그동안 축적한 재산을 가난한 사람들을 위해 쓰고 싶어진 것이다. 그런 생각을 바탕으로 세계적인 자선 단체 록펠러재단을 설립했다.

록펠러는 재단에 수천만 달러를 쏟아부은 뒤에야 진심으로 행복이란 무엇인지 깨달았다. 돈 버는 일에만 집착하던 그는 완전히 새로운 삶을 얻었고, 98세까지 장수했다. 록펠러의 영혼은 돈이 아닌 건강을 선택한 순간 구원받은 것이다.

록펠러의 이야기는 시사하는 바가 크다. 소중한 시간과 열정을 화려한 사치품을 사는 데 쓸 것인지, 마음의 평화와 건강을 위해 쓸 것인지는 본인의 선택에 달렸다.

욕망의 노예가 되어 허영과 사치스러운 삶이 아닌, 헨리 데이비드 소로가 《월든》에서 추구했던 소박하고 자연스러운 삶에 초점을 맞추어보자. 그러기 위해서는 욕망, 허영, 비교, 걱정, 어두운 기억에서 벗어나는 법을 배워야 한다. 행복한 삶을 방해하는 것들을 떨쳐낼 때 비로소 진정한 자신을 되찾을 수 있다.

세월의 흐름 속에서도 매력을 잃지 않는 여자가 아름답다. 소박하고 순수한 아름다움은 꾸며낸 아름다움보다 더 오래 유지된다.

지혜로운 여자는 허영이나 욕망의 노예가 되지 않으며, 진정한 아름다움이 무엇인지 알고 있다. 그들은 영혼을 속박하는 짐을 내던지고 꾸밈없는 모습으로 내면의 아름다움을 추구한다.

더 이상 끌려다니지 마라

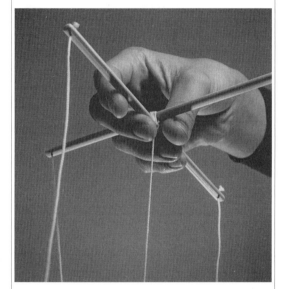

♥

행복한 삶을 방해하는 것들을 떨쳐낼 때 비로소 진정한 자신을 되찾을
수 있다.

내 인생의 행복을 찾아서

정신과 의사 데이비드 호킨스는 20여 년에 걸쳐 '의식 지도Map of Consiousness'라는 흥미로운 실험을 했다. 그 결과 선과 악은 서로 다른 주파수를 가지고 있다는 결론을 얻었다. 그는 인간의 의식 수준을 1부터 1000까지의 척도로 수치화한 지표인 '의식 지도'를 제시했다. '의식 지도'에 따르면 진실과 거짓을 구분하는 인간의 의식 시점은 200_{20000Hz}으로 나타났다. 의식 수준이 200 이하일 때 부정적인 에너지가 발생하고 200에서 1000일 때 긍정적인 에너지가 증가했다.

가장 낮은 수치는 수치심이고 그다음으로 죄책감·무감정·슬픔·두려움·욕망·분노·자만 순이었는데, 이것들은 모두 인체에 부정적인 영향을 미쳤다. 용기는 200이며, 그 위로 중립성·자발성·포용·이성·사랑·기쁨·평화·깨달음 순이었다.

최고의 경지에 오른 사람은 극소수에 불과했으며, 사람 대부분은 낮은 의식 수준에 머물렀다. 의식 수준이 깨달음에 이른 자들은 최고의 행복을 느꼈다. 행복은 중립성, 포용, 이성, 사랑 등의 품성을 갖춘 사람만 얻을 수 있는 선물이다.

일반적으로 여자들은 마음의 평화를 느낄 때 행복해지며, 그러기 위해서는 마음이 호수처럼 잔잔하고 고요해야 한다. 마음이 평화로운 사람은 세상을 긍정적으로 바라본다. 그들은 탐욕, 원망, 의심이 없으며 자신을 믿는다. 또한 외부에서 행복을 찾지 않는다.

가난한 집에서 자란 친구가 있었다. 어렸을 때 부모님을 여읜 그는 공부를 열심히 해서 판사와 외교관을 거쳐 외교부 장관의 자리까지 올랐다.

"힘든 상황에서도 어떻게 마음의 평화를 유지하며 이 자리까지 오를 수 있었지?"

이러한 물음에 그는 잠시 생각하는가 싶더니 웃으며 대답했다.

"마음의 평화를 유지할 수 있었던 두 가지 이유가 있어. 하나는 포용하는 마음이야. 세상을 원망하지 않고 내 삶에 주어진 모든 것을 포용했지. 또 하나는 자신감이야. 나는 항상 할 수 있다는 자신감을 가졌고, 결코 남에게 의존하지 않았어."

그는 일례로 다이어트 방법에 관해 얘기했다. 그는 식욕 억제제를 먹거나 다이어트 치료를 받지 않고 자기만의 방법을 사용했다.

"샤워를 할 때마다 몸무게를 재는 거야. 그때 몸무게가 팔십 킬로그램이면 일주일 동안 먹고 싶은 것을 마음껏 먹고, 팔십 킬로그램보다 더 나가면 평소보다 절반만 먹는 거야. 그러면 다음 주에 몸무게가 다시 팔십 킬로그램으로 돌아가 있어. 그렇게 원하는 몸무게를 유지하면 돼."

"그런데 그 다이어트 방법과 행복해지는 것이 무슨 상관이지?"

이러한 질문에 그는 미소 띤 얼굴로 대답했다.

"자신감이 생기면 외부에 의지하지 않게 돼. 다이어트를 하는지 감시하는 사람이 없어도 나는 내 의지대로 체중 조절을 하는 거야. 스스로 체중 조절을 할 수 있다는 걸 깨달는 순간 마음의 평화가 느껴지지. 그러면 행복도 저절로 찾아와."

마음의 평화는 자신감에서 나온다. 외부 세계에 대한 의존에서 완전히 벗어난 사람은 스스로 얼토당토않은 핑계를 대지 않는다.

행복의 '열쇠'를 타인에게 넘기거나 그들이 만들어낸 불행을 인정해서는 안 된다. 외부의 시선에서 완전히 자유로워질 순 없지만 최소한 자기 마음만큼은 스스로 통제할 수 있어야 한다. 행복은 지극히 사적인 일에 속하기 때문이다.

행복해지기 위해서는 자신의 마음을 온전히 장악해야 한다. 지혜로운 여자는 타인의 시선에 상관없이 스스로 행복을 정의할 줄 알며, 그 안에서 만족감을 느낀다. 그러면 시간이 흐를수록 안정적인 파장이 형성되어 주변 사람들에게도 긍정적인 영향을 미친다.

이처럼 행복은 스스로 느끼고 정의하는 것이다.

'타인의 행복'을 진정한 행복이라고 생각하며 살아온 사람이 많다. 이것은 자신이 정의한 행복이 아니라 사회와 타인이 정해놓은 행복에 불과하므로 진정한 의미의 행복이 아니다. '타인의 행복'은 상처와 아픔만 남길 뿐이다.

행복해지기 위해서는 자신의 마음을 온전히 장악해야 한다.

파리는 타인의 시선에서 비교적 자유로운 도시로 알려져 있다. 파리에 다녀온 한 여자는 그녀의 할아버지가 유학했을 때 자주 갔던 커피숍이 여전히 영업 중인 걸 보고 깜짝 놀랐다. 50년 전 아버지와 함께 파리에 왔던 그녀는 어느덧 중년이 되었는데, 시간이 흐른 뒤에도 그 커피숍은 내부 인테리어와 제라늄 화분의 위치까지 그대로였다. 심지어 정성스럽게 원두를 가는 바리스타의 모습까지 똑같아 보였다. 그녀는 주인에게 커피숍 간판을 바꾸거나 내부를 확장하지 않은 이유를 물었다. 그랬더니 주인은 만면에 웃음을 머금은 채 답했다.

"만약에 그랬다면 당신 할아버지도 이곳을 그리워할 수 있었을까요?"

그 커피숍뿐만 아니라 파리에서 명성이 자자한 식당, 상점 들은 외부 세계의 영향을 거의 받지 않는다. 한 치즈 가게는 입소문을 타고 명성을 얻은 뒤에도 예전과 똑같은 서비스를 제공한다. 할리우드 영화에 장소 협찬 제의를 받을 정도로 많은 사람이 찾는 명소가 된 뒤에도 매장을 확장하거나 분점을 내지 않았다. 가게 주인들은 현재에 만족한다고 말했다.

파리에서 오랫동안 거주한 사람들은 파리지앵의 긍정적인 태도와 행복한 얼굴을 쉽게 찾아볼 수 있다. 파리지앵의 자신감은 그들이 이룬 성취에서 나오는 게 아니라, 그것과 무관하게 즐거운 마음가짐에서 나온다. 그들은 스스로 정의한 행복한 삶을 위해 최선을 다해 살아간다.

불행은 자신의 행복이 아닌, 타인의 행복을 추구하기 때문에 생겨난다. 이제 자기만의 행복을 정의하고 평정을 유지해보자. 그러면 진정한 행복을 느낄 수 있을 것이다.

침착하게 내 안의 목소리에 귀 기울여라

고대 그리스의 철학자 플라톤은 말했다.

"세상에 어떤 일도 걱정할 만한 가치는 없다."

사람 대부분은 아침에 일어나 씻고 좋아하는 옷을 입은 뒤 웃으며 하루를 시작한다. 하지만 컴퓨터를 켜고 인터넷으로 온갖 정보를 접하다 보면 지나친 걱정과 분노에 휩싸인다. 애써 마음을 다잡고 일을 시작하지만 또다시 새로운 걱정이 밀려온다.

도대체 뭐가 잘못된 걸까? 우리는 생활의 안정을 느낄 만한 자격도 없는 것일까? 모든 것은 마음먹기에 달렸다. 마음이 시끄러운 소리로 가득 찬 사람은 진정한 안정을 느낄 수 없다. 여기서 시끄러운 소리란 무엇인가? '10년 뒤에 다시 경제 위기가 찾아오면 어쩌지?', '굶어 죽으면 어떡하지?'와 같은 걱정의 소리다. 따라서 마음의 안정을 되찾기 위해서는 우선 이런 소음을 제거해야 한다.

"업무로 인한 스트레스가 심해요. 이제까지 하루도 쉬지 못했어요. 바쁘고 긴장된 생활이 반복되니 신경이 늘 곤두서 있죠. 매일 녹초가 될 때까지 일하다가 문득 위암에 걸린 건 아닌지 걱정되더라고요. 다행히 검사 결과 아무 문제도 없다고 나왔지만 위의 통증은 사라지지 않았어요. 의사 말이 제게 휴식이 필요하다더군요.

하루는 책상 정리를 하다가 서랍에서 쓰레기 뭉치를 발견했어요. 저는 순간 하던 일을 멈추고 생각했어요. '왜 근심과 두려움을 쓰레기통에 던져버리지 않았을까?' 갑자기 골치 아픈 머리가 맑아지고 혈액순환이 잘되는 것 같았죠. 위의 통증도 말끔히 사라졌고요.

그때부터 책상 정리를 하듯 주기적으로 마음의 방을 청소하기 시작했어요. 두려움이라는 괴물이 들어오지 못하게 막자 머리 회전도 잘되고 업무 효율도 크게 올랐죠. 스트레스도 해소되고 마음이 한결 가벼워졌어요."

행복은 우연히 찾아오지 않는다. 행복은 걱정, 두려움, 분노, 원망은 물론이고 우리 삶에 부정적인 영향을 미치는 감정들을 모조리 떨쳐낼 수 있을 때 서서히 찾아온다.

불필요한 걱정과 두려움에서 벗어나 욕망으로 꽉 찬 마음의 방을 깨끗이 청소할 때 비로소 행복을 받아들일 자격이 주어진다. 마음의 평화와 절대적인 안정을 추구하고 마음의 방에서 욕망을 제거한다면 언제든지 편안해질 수 있다.

신앙을 갖거나 어떤 일에 흥미를 느낀다면 마음의 방을 청소하는 데 큰 도움이 된다.

한 노부인은 걱정이 생길 때마다 성경을 읽었다. 그러면 라벤더 향을 맡았을 때처럼 긴장이 해소되었다. 나중에는 성경을 손에 들고 있기만 해도 꽃밭에 누운 것처럼 부드럽고 편안한 느낌을 받을 수 있었다.

의사인 내 친구는 퇴근한 뒤에 음악으로 긴장을 해소했다. 그는 피아노를 즐겨 쳤는데 아름다운 선율을 들으면 몸과 마음이 가벼워지면서 편안해졌다. 그가 말했다.

"피아노를 치면 모든 것을 잊을 수 있어. 환자 생각도 안 나고 온종일 떠안고 있던 고민도 말끔히 사라진다니까. 그런데 아픈 환자들 걱정은 접어두고 나 혼자만 즐거운 것 같아서 기분이 좋지 않아. 그러면 안 될 것 같은 기분이 들거든."

나는 친구에게 말했다.

"좀 더 편해져도 괜찮아. 환자들 생각일랑 머릿속에서 완전히 몰아내버리라고. 그렇지 않으면 네가 착한 의사가 될 수는 있겠지만 스트레스로 말미암아 환자의 치료를 도와주지 못하게 될지도 몰라. 피아노로 네 마음의 평화를 느낄 수 있다는 건 큰 행운이야!"

마음의 안정을 느끼지 못하고 늘 잡다한 걱정과 불안에 시달리는 이유는 다음과 같다.

첫째, 불안한 마음을 제대로 마주하지 않기 때문이다. 이런 사람들은 불안한 마음 때문에 분노가 치민다는 사실조차 알지 못한다. 이것은 어쩌면 세상 사람들 모두가 불안한 마음으로 살아가기 때문일지도 모른다. 마음의 안정을 찾기 위해서는 자신을 원망하는 일부터 그만둬야 한다. 자기 약점을 인정한다면 해결책을 쉽게 찾을 수 있다.

둘째, 생각의 고삐를 놓치고 제때에 마음의 짐을 내려놓지 않으면 불안과 걱정이 나날이 증가한다. 마음의 불안을 제거하기 위한 가장 빠른 방법은 생각만 하지 말고 몸을 움직이는 데 있다.

마음이 불안할 때 집안일을 하는 것도 괜찮다. 빨래, 설거지, 정리 정돈, 정원 가꾸기 등을 하다 보면 불안감은 물론 잡념까지도 몰아낼 수 있다.

지혜로운 여자는 행복해질 수 있다는 믿음이 강하며, 항상 마음의 방을 깨끗하게 유지한다. 그들은 자신의 불안과 두려움, 고민, 걱정을 정면으로 바라볼 줄 안다. 그들은 취미와 사회 활동을 통해 자신을 발전시킬 줄 알며, 걱정 때문에 내일을 망치는 어리석은 짓은 하지 않는다. 그들은 마음의 창문을 활짝 열고 마음의 방에 신선한 공기를 불어 넣는 동시에 오염된 공기는 밖으로 내보낸다.

행복은 천국으로 가는 계단처럼 아무나 닿을 수 없는 것처럼 보인다. 하지만 행복은 길가에 굴러다니는 돌멩이처럼 언제든지 손에 넣을 수 있다. 행복해지는 비법은 간단하다.

첫째, 외부 세계에 대한 기대치를 낮춘다.

둘째, 의미 있는 일이나 자신의 가치를 높일 수 있는 일을 한다.
기부 등도 좋다.
셋째, 좋아하는 취미나 일을 발전시킨다. 생존이나 명분을 위한
일이 아닌, 진정으로 좋아하는 일 말이다.

행복은 타인에게서 찾을 수 있는 게 아니다. 행복은 마음 먹기에 달려 있다. 하지만 사람 대부분은 외부 세계에서 '행복'과 '기쁨'을 찾아 헤매다가 늘 실망하곤 한다. 자기 안에 행복이 있음을 깨닫는다면 불필요한 고통과 실망을 느끼지 않을 텐데 말이다.

카렌은 여느 때와 마찬가지로 자명종 소리에 잠을 깼다. 그리고 졸린 눈을 비비며 창밖으로 날씨를 확인했다.

"이런, 하늘이 너무 우중충하잖아! 곧 비가 내릴 것 같군. 길이 엉망이겠어. 어제 새로 산 구두를 더럽히긴 싫지만 저녁 모임을 생각하면 꼭 신어야겠고……."

카렌은 아침 식사를 준비하려고 주방으로 갔는데 마침 단수 조치로 물이 나오지 않았다. 짜증이 난 그녀는 바로 옷을 갈아입으려 했지만 치수가 맞지 않아 왈칵 화가 치밀었다.

"옷이 왜 이러지? 몸에 안 맞으니 뚱뚱한 캥거루 같아 보이잖아!”

잔뜩 기분이 상한 채로 회사에 출근한 카렌에게 동료가 인사를 건넸다.

“안녕하세요?”

그녀는 무미건조한 동료의 인사가 마음에 들지 않자 이렇게 생각했다.

‘인사를 왜 저따위로 하지? 너무 딱딱한 거 아니야?’

회의에 들어간 카렌은 회의 내용에 집중하지 못했다. 그녀의 불성실한 태도를 못마땅하게 생각한 상사는 그녀가 보고할 때 부연 설명을 요구하며 꼬치꼬치 따졌다. 그녀는 또다시 머릿속으로 불평했다.

‘나한테 개인적인 불만이라도 있는 건가? 왜 저렇게 까칠한 거야?’

카렌은 온종일 업무에 집중하지 못했고 기분도 계속 저조했다.

환경은 왜 사람의 기분에 영향을 미치는 걸까? 하지만 환경이 좋지 않다고 해서 반드시 기분 또한 안 좋아지는 건 아니다. 일이 잘 안 풀린다고 느껴질 때마다 자문해보자.

‘내 기분을 망치고 있는 건 누굴까?’

내 안의 기쁨과 행복을 빼앗는 사람은 바로 나 자신이다. 사람들이 불행한 이유는 거듭 말하지만 행복을 타인에게서 찾기 때문이다. 자신의 감정을 조절할 줄 아는 사람은 언제든지 행복한 삶을 누릴 수 있다.

"사람은 행복하기로 마음먹은 만큼 행복하다."

이는 에이브러햄 링컨의 말이다. 쉬운 말 같지만 실천하기는 상당히 어렵다. 그런데도 우리는 이 방법을 삶에 꼭 적용해야 한다. 사람은 의미 있는 일을 하거나 자신이 진정으로 좋아하는 일을 하는 것만으로도 충분히 행복해지기 때문이다.

월터 핑크는 결혼한 뒤에 세 명의 아이를 낳았지만 일을 그만두지 않았다. 게다가 주말마다 교회에서 아이들을 가르치는 봉사 활동까지 참여했다. 보수도 없고 피곤한 일이었지만 그녀는 늘 유쾌하게 봉사했다. 사람들은 월터한테 어떻게 그리도 즐거울 수 있냐고 물었다. 월터는 대답했다.

"물론 저도 힘들어요. 하지만 이 일은 제게 무한한 즐거움을 선사해요. 아이들과 함께 있으면 정말 재밌거든요. 아이들에게 늘 밝은 에너지를 충전받는 기분이에요. 순수한 동심의 세계로 다시 돌아갈 수 있으니 얼마나 좋아요. 여기서 에너지를 얻으면 회사 업무와 집안일도 수월하게 처리할 수 있다니까요."

워킹맘이라면 월터처럼 주말을 이용해 자신이 정말 좋아하는 일을 해보라고 권하는 바다. 마음만 먹으면 간단한 방법으로도 얼마든지 행복해질 수 있다.

가정주부 상당수는 자신의 모든 열정과 시간을 가정을 위해 희생하기 때문에 늘 피곤할 수밖에 없다. 하지만 정작 피곤한 이유는 집안일 때문이 아니라 우울하고 무료한 마음 때문이다.

지혜로운 여자는 남을 원망하느라 시간을 낭비하지 않는다. 그들은 그 시간에 자신이 좋아하는 일을 적극적으로 찾아 나선다. 피곤하다는 생각은 그만하고 음악을 듣거나 독서를 하거나 남편과 배드민턴을 치는 건 어떨까? 평소 배우고 싶었던 공부를 시작해도 좋다.

도무지 뭘 해야 할지 모르겠다면 지금이라도 노트를 펼쳐 하고 싶은 목록을 작성해보자. 잘 생각나지 않는다면 인터넷, 책, 잡지 등을 참고하는 것도 좋다. 팍팍한 삶이 서서히 윤택해질 것이다. 돈이나 타인의 시선에 사로잡히지 않고 자신이 진정으로 원하는 일에 열정을 쏟는다면 큰 기쁨이 따라온다.

행복해지기 위해서는 자기 일에 최선을 다해야 한다. 직장에서의 업무나 집안일에 흥미를 느끼고 즐겁게 임하면 마음에 뿌린 씨앗이 생명력을 얻어 아름다운 꽃밭으로 변하듯 무료했던 하루가 유쾌하고 활력 넘칠 것이다.

더 이상 행복해질 수 없다는 생각으로 날마다 힘겹게 버티며 사는 여자가 많다. 그들에게 인생은 쓰디쓴 독배에 불과하다. 사실, 인생이란 길들이지 않으면 제어할 수 없는 야생마와 같다. 스토아학파의 대표 철학자 에픽테토스는 말했다. "비뚤어진 생각에서 벗어나는 일이 종양을 제거하는 것보다 더 중요하다."

운이 좋은 사람은 행운의 여신 때문이 아니라 인생의 고난을 하늘이 주는 선물로 받아들일 줄 알기 때문이다. 그들은 고난을 '자신을 단련하고 능력을 키울 좋은 기회'로 삼는다. 이처럼 운 좋은 사람은 자기 손으로 천국을 창조하는 법을 알고 있다.

데일이 어떤 고난을 극복했는지 안다면, 사소한 일로 좌절하거나 자신이 세상에서 가장 재수 없는 사람이라며 괴로워하는 일은 없을 것이다.

"저는 한쪽 눈밖에 보이지 않아요. 그것도 눈동자 위쪽에 상처를 입어서 그 부위를 제외한 작은 구멍으로만 세상을 볼 수 있죠. 글자를 읽으려면 책을 눈 가까이에 바짝 붙여야 해요."

하지만 데일은 타인의 동정을 바라지 않았으며 사람들에게 자신을 남들과 다르게 보지 말아달라고 부탁했다. 어릴 때 그녀는 친구들과 땅따먹기 놀이를 하고 싶었지만 바닥에 그려진 선이 잘 보이지 않아 참여할 수 없었다. 그래서 친구들이 집으로 돌아갔을 때 바닥에 엎드려 선을 보며 위치를 외웠다. 며칠 뒤 그녀는 땅따먹기의 고수가 되어 있었다. 그녀는 공부를 위해 책을 확대 출력해서 눈썹이 닿을 거리까지 종이를 밀착시켜야 했지만 최선을 다해 노력했다.

데일은 미네소타대학교와 컬럼비아대학교에서 각각 학사 학위와 석사 학위를 취득했다. 학위를 취득하고 처음 미네소타주의 작은 마을에서 교편을 잡은 그녀는 훗날 오클라호마대학교 신문방송학과 및 문학과 교수로 자리를 옮겨 13년간 학생들을 가르쳤다. 또한 텔레비전 독서 평론 프로그램의 사회자로도 활발히 활동했다.

"저는 늘 제 눈이 완전히 실명하면 어쩌나 하는 두려움을 안고 살았어요. 그런 두려움을 떨쳐내기 위해 더 긍정적으로 유쾌하게 살았던 것 같아요."

1943년, 데일이 52세 되던 해에 기적이 일어났다. 미국의 유명한 사립병원인 메이오클리닉에서 시력을 40배 가까이 좋아지게 하는 수술을 하게 된 것이다. 그녀는 수술을 통해 새로운 인생을 살게 되었다.

"이제는 설거지를 하며 그릇에 묻은 거품으로 장난도 쳐요. 손으로 거품을 뭉쳐서 터뜨리면 비눗방울이 무지갯빛으로 빛나잖아요. 그게 얼마나 아름다운지 몰라요."

무대가 작다고 불평만 할 뿐 자기 손으로 무대를 넓힐 생각은 하지 않는 사람이 많다. 매사에 불평불만을 쏟아내는 태도는 자기 발전에 전혀 도움이 안 된다. 작은 고난을 크게 부풀려 생각하는 사람은 자신의 능력을 감소시킬 뿐이며 스트레스를 스스로 불러들이는 꼴이다.

행복해지기 위해서는 부정적인 감정을 말끔히 제거하고 마음의 방을 넓혀야 한다. 그렇게 할 때 시련과 고통을 너끈히 극복할 수 있다. 마음의 방을 무한대로 확장하면 세상도

품을 수 있을 것이다.

생각과 마음을 바꾸면 그에 따라 세상도 변한다. 신은 진즉 우리에게 세상을 통제할 능력을 줬다. 그 능력대로 우리는 언제든지 주파수를 조정해서 나 자신이 원하는 대로 마음을 바꿀 수 있다.

심리학의 대가 윌리엄 제임스는 말했다.

"깊은 근심에서 벗어나기 위한 유일한 방법은 행복한 사람처럼 말하고 행동하는 것이다."

그의 말대로 계속 행복한 사람처럼 행동한다면 근심으로 괴로워하던 마음도 점차 긍정적으로 바뀔 것이다. 그는 또 이렇게 말했다.

"행동은 감정에 따라 변한다. 인간의 의지로 행동을 통제하는 것도 감정의 간접적인 영향에 속한다."

잡념을 없애고 무념의 상태를 유지해야 즐거운 마음으로 일을 처리할 수 있다. 그럴 때 즐거운 감정이 서서히 일어나 우리를 행복으로 이끈다.

유쾌하고 당당하며 이해심 많은 여자는 매력적이다. 그들은 긍정적인 만큼 늘 즐겁게 지내며 주변 사람들에게도 행복을 나눠준다. 그러니 사람들이 좋아하지 않을 수 없다. 반대로, 근심이 많은 여자에게서는 매력을 찾아보기 어렵다. 그들은 항상 걱정스러운 눈빛과 원망 어린 태도로 사람을 대하기 때문이다.

언제 어디서나 쾌활한 태도를 유지하기란 그리 쉬운 일은 아니다. 그럼에도 의심, 걱정, 불만을 털어내며 긍정의 마인드를 유지하려고 노력해야 한다. 지혜로운 여자는 마음을 활짝 열고 현재의 삶을 유쾌하게 즐긴다.

침착하게 내 안의 목소리에 귀 기울여라

지혜로운 여자는 마음을 활짝 열고 현재의 삶을 유쾌하게 즐긴다.

3

마음을 잘 다스리면
쉽게 상처받지
않는다

고난은 인생에 꼭 필요한 독약이고 넓은 마음은 해독제와 같다.
따라서 인생이 나락으로 떨어져도 좌절하지 말고 다시 일어나
앞으로 나아가라. 운명이 우리를 불행으로 이끌지라도 그 뒤에
는 반드시 행운이 기다리고 있음을 믿어야 한다.

마음을 편하게 다스려라

인생이라는 여행길에서 늘 즐거운 마음을 유지하고 싶다면 울퉁불퉁한 비포장도로를 만나더라도 좌절하지 말아야 한다. 고난은 인생에 꼭 필요한 독약이고 넓은 마음은 해독제와 같다. 따라서 인생이 나락으로 떨어져도 좌절하지 말고 다시 일어나 앞으로 나아가라. 운명이 우리를 불행으로 이끌지라도 그 뒤에는 반드시 행운이 기다리고 있음을 믿어야 한다.

어리석은 여자는 돋보기로 인생의 고난과 슬픔을 들여다본다. 하지만 지혜로운 여자는 인생의 위기를 신이 준 선물로 생각하고 기회로 전환한다. 그들은 좌절하고 실패할 때마다 자신을 단련시키는 계기로 삼아 더 나은 미래를 창조해낸다. 또한 자신에게 주어진 모든 것에 감사한다.

한 여자가 잡지 상담 코너에 자신의 사연을 적어 보냈다. 5년 전, 스물다섯 살이었던 여자는 한 남자를 만났다. 준수한 외모에 달콤한 말을 들려주던 남자는 유화를 그리는 화가였다. 여자는 사랑에 푹 빠졌고 어느새 그녀의 삶은 남자 중심으로 돌아가기 시작했다. 남자가 화랑을 차리고 싶어하자 여자는 모아둔 돈을 전부 내놓았다. 그녀는 사랑하는 남자를 위해 '투잡'을 뛰며 희생을 자처했다. 자신을 위해서는 한 푼도 쓰지 않으면서 남자에게는 늘 명품 옷을 선물했다. 그녀는 친구를 만나거나 사회 활동에 참여할 시간도 없이 바쁘게 살았다. 심지어 부모님과 대화할 시간조차 아껴가며 남자를 뒷바라지했다.

결국 남자는 그녀의 헌신적인 도움으로 예술가로서 명성을 떨치게 되었다. 하지만 그때부터 남자는 한눈을 팔았다. 그녀는 우연히 금발의 미녀와 함께 있는 남자를 보고 큰 충격을 받았다. 그녀는 남자와 헤어졌지만 마음의 상처는 쉽게 아물지 않았다. 남자에게 청춘과 재산, 열정을 모두 바쳤기에 혼자가 된 그녀에게는 아무것도 남지 않았다. 깊은 슬픔에 잠긴 그녀는 새로운 사랑을 시작할 용기가 나지 않았다.

5년이 흐른 지금, 친구들은 다 가정을 꾸미고 행복하게 사는데 그녀는 여전히 이별의 슬픔에서 헤어나지 못하고 있다.

자신에게 상처를 준 남자와의 이별 때문에 슬퍼하고 좌절할 필요는 없다. 우리 눈앞에는 새로운 날들이 무수히 기다리고 있기 때문이다. 세상에는 나쁜 남자만 있는 게 아니다. 실패한 연애를 통해 자신을 진심으로 사랑하는 상대를 알아보는 눈이 생겼을 테니, 다음에는 분명히 더 나은 상대를 만날 것이다. 신은 언제나 불행과 행복을 함께 내려준다. 따라서 실패를 두려워할 필요는 없다. 지혜로운 여자는 힘든 상황에서도 쉽게 좌절하지 않으며 부정적인 마음에서 벗어나고자 부단히 노력한다.

세상이 변하지 않는 것이라면 왜 사람들이 고통에서 벗어나기 위해 그렇게 노력하겠는가?

"기쁨도 슬픔도 언젠가는 다 지나간다."

사람들은 마음속에 천국을 짓기도, 지옥을 짓기도 한다.

생각만 바꾸면 벼랑 끝 낭떠러지가 하늘로 날아오르기 위한 발판이 되기도 한다. 에픽테토스는 말했다.

"비뚤어진 생각에서 벗어나는 일이 종양을 제거하는 것보다 더 중요하다."

부정적인 생각은 사람들을 좌절의 늪으로 인도할 뿐이다. 인생의 고난이 찾아와도 낙담하지 말고 실패라는 가지 위에 황금 사과가 열리는 방법을 배워야 한다.

지혜로운 여자는 버려진 싹에서도 아름다운 꽃을 피워내고 메마른 땅도 꽃밭을 만든다. 눈물이 많은 여자는 사람들을 힘들게 하지만 항상 웃는 여자는 사람들을 즐겁게 한다.

"사람들이 불안한 이유는 늘 부정적인 감정에 갇혀 있기 때문이다."

조지 버나드 쇼의 말이다. 불안에서 벗어나기 위해서는 일을 하든 취미를 즐기든 바쁘게 몸을 움직여야 한다. 눈앞에 해야 할 일이 있으면 불안해질 여유가 없다.

불안은 예고 없이 찾아오는 불청객이 아니라, 무의식적으로 불러들인 감정이다. 불안의 원인을 일일이 분석하고 들여다보는 데 집중하기보다는 생각을 비우는 게 필요하다. 그로써 마음을 안정시킬 수 있다.

영국의 정치가 벤저민 디즈레일리는 말했다.

"어차피 짧은 인생, 언제까지 슬퍼하고만 있을 것인가?"

프랑스의 소설가 앙드레 모루아는 잡지 인터뷰에서 이렇게 말했다.

"인생의 고비마다 벤저민의 말이 큰 위로가 됐어요. 덕분에 부정적인 감정에서 빨리 벗어날 수 있었죠. 짧은 인생인데 소중한 시간을 낭비하고 싶지는 않았어요. 굳이 안 좋았던 일을 떠올리며 괴로워할 필요는 없잖아요. 더 가치 있는 일에 집중하려고 노력했어요."

사람들은 불안을 떨쳐내려고 애쓰지만 그런 노력은 오히려 더 큰 불안을 불러올 수 있다. 사실 모든 것은 마음먹기에 달려 있다.

작가 크로우는 뉴욕의 아파트에서 글을 썼다. 그는 라디에이터에서 나는 '치치' 소리에 신경이 쓰여 집중력이 떨어졌다. 그가 말했다.

"하루는 친구랑 캠핑을 가서 모닥불을 피웠는데 장작 타는 소리가 라디에이터에서 나는 소리와 비슷하게 들렸어요. 그때 이상한 기분이 들더라고요. 장작 타는 소리는 좋아하면서 라디에이터 소리는 왜 그렇게 듣기 싫었을까요? 나중에서야 같은 소리도 마음먹기에 따라 다르게 들린다는 사실을 깨달았죠. 모닥불 소리가 듣기 좋아 기분도 좋아졌어요. 아파트에서 글을 쓸 때도 마음을 좋게 먹으면 라디에이터 소리도 소음이 아니라 신나는 음악처럼 들렸겠죠. 기분 좋게 일하면 피곤하거나 졸리지 않은 것과 똑같아요."

사소한 문제로 야기되는 모든 불안도 이와 같다. 마음만 바꿔 먹으면 뭐든지 즐겁게 할 수 있다.

콜로라도주 산림에서 거대한 말뚝이 발견되었다. 학자들은 그 말뚝이 400년째 같은 자리를 지키고 있었다며 놀라워했다. 크리스토퍼 콜럼버스가 신대륙을 발견했을 때는 작은 묘목이었고, 청교도가 메이플라워호를 타고 영국을 떠나 플리머스에 도착했을 때쯤에는 유령목幼齡木으로 성장해 있었다. 400년이 흐르는 동안 번개를 열한 번이나 맞고 거친 비바람을 무수히 겪으면서도 끈질기게 살아남았다. 그렇게 오랜 세월 변함없을 것 같던 나무는 뜻밖에도 흰개미 떼의 공격으로 생명력을 잃고 말았다. 어떤 자연재해에도 끄떡없던 고목이 작은 흰개미 로 말미암아 말라죽을 줄이야!

불안은 400년 된 고목을 무너뜨린 흰개미처럼 우리의 건

강한 정신을 서서히 갉아먹는다. 사람들이 불면증과 우울증에 시달리는 이유는 엄청난 사건 때문이 아니라 사소하고 하찮은 일들 때문이다. 따라서 불안이 우리 마음을 갉아먹도록 방치했다가는 더 심각한 문제를 야기할 것이다.

지혜로운 여자는 감정을 조절할 줄 알며 일상의 사소한 문제로 고민하거나 괴로워하지 않는다. 그들은 부정적인 감정을 말끔히 제거하고 늘 산뜻한 기분으로 나아간다. 불필요한 감정에 시간을 낭비하는 대신 요가, 춤, 그림, 다도, 독서 등을 즐긴다.

활짝 핀 꽃처럼 아름다운 여자가 되기 위해서는 어떤 방법을 써서라도 마음속의 불안을 몰아내야 한다. 자신을 사랑하고 아끼는 여자만이 행복해질 수 있음을 잊지 말라.

마음의 등대로 앞길을 비춰라

세상에는 직장생활과 집안일을 모두 완벽하게 하는 슈퍼우먼도 있지만 둘 다 제대로 해내지 못하는 여자도 많다. 슈퍼우먼은 목표와 신념을 가지고 미래를 적극적으로 설계한다.

강한 신념을 가지고 희망의 씨앗을 뿌려야 울창한 나무로 성장할 수 있다. 목표가 없는 사람에게는 참고 견디는 힘이 없다.

여자의 매력은 화려한 외모가 아니라 지혜와 신념에서 나온다. 지혜는 열린 창문과 같고, 신념은 미래를 비추는 등대와 같다. 지혜로운 여자는 확고한 목표로 인생을 설계한다.

　미국 서부의 작은 마을에 원대한 포부를 가진 소년이 있었다. 소년은 열악한 가정 형편에도 꿈을 포기하지 않았으며, 어떻게든 가난에서 벗어나 꿈을 이뤄야겠다고 생각했다. 여덟 살 생일 때 소년은 아버지에게 세계지도를 선물로 받았다. 세계지도를 본 소년은 마치 잃어버렸던 보물을 돌려받은 것처럼 기뻐했다. 그는 틈만 나면 세계지도를 펼쳐 신비롭고 아름답기로 유명한 도시에 가는 꿈을 꿨다. 세계지도를 보며 그곳을 생각하는 것만으로도 기분이 좋아졌다.

　열다섯이 된 소년은 '나의 꿈 목록' 127개를 작성했다. 그때까지만 해도 왜소하고 평범해 보이는 소년이 위대한 탐험가가 될 것이라고는 아무도 상상하지 못했다. 소년의 꿈 목록 중 일부를 살펴보면 다음과 같다.

나일강, 아마존강, 콩고강 탐험하기

에베레스트산맥, 안데스산맥, 맥킨리산 등반하기

코끼리, 사자, 치타, 물소, 고래의 사진 찍기

마르코 폴로와 알렉산드로스 대왕이 여행했던 루트를 따라 여

행하기

〈타잔〉 영화에 출연하기

비행기 조정법 배우기

셰익스피어, 플라톤, 아리스토텔레스의 작품 읽기

음악 작곡하기

책 쓰기

발명 특허 내기

아프리카 아이들을 위해 100만 달러 기부하기

소년이 작성한 목록을 본 사람들은 하나같이 허무맹랑하고 불가능한 일이라고 말했지만 그는 전혀 아랑곳하지 않았다.

소년은 포기하지 않고 꿈의 목록을 하나씩 실천에 옮기기 시작했다. 중간에 힘들고 어려운 일도 있었지만 그럴수록 더 힘을 내서 앞으로 나아갔다. 소년은 44년 뒤 127개의 꿈 목록 중 106개를 이루었다. 그가 바로 20세기 최고의 탐험가 존 고다드다.

불가능해 보이는 꿈을 106개나 이룬 그를 보고 사람들이 비결을 물었다. 그는 웃으며 대답했다.

"비결은 간단해요. 마음이 시키는 대로 하면 돼요. 진심으로 원하면 주변의 신비한 힘들이 등을 밀어주거든요."

자신이 원하는 게 무엇인지 알기 위해서는 마음의 소리에 귀를 기울여야 한다. 하지만 안타깝게도 자신이 진정으로 원하는 게 무엇인지 아는 사람은 많지 않다. 지금이라도 마음으로 통하는 문을 활짝 열어보자.

사람은 자신과의 소통을 통해 외부 세계와 연결된다. 혼자만의 시간은 내 안의 나를 만나는 통로다. 자신이 원하는 게 무엇인지 잘 알지 못한다면, 무료하고 권태로운 생활에서 벗어나고 싶다면, 홀로 자기 자신과의 대화를 시도해야 한다. 혼자만의 시간을 통해 이제까지 몰랐던 자신의 모습을 볼지도 모른다. 마음의 소리가 깜깜한 바다에 빛을 비춰주는 등대처럼 앞으로 나아가야 할 길을 밝혀줄 것이다.

마음의 등대로 앞길을 비춰라

♡ ○ ▽   👤

❤

자신이 원하는 게 무엇인지 알기 위해서는 마음의 소리에 귀를 기울여야 한다.

무엇을 하든 스스로 결정하라

타인이나 사회의 가치관으로 자신을 평가하는 사람들이 많다. 그들은 외부의 기준으로 옳고 그름을 판단하며, 쉽게 불안과 공포에 휩싸인다.

에머슨은 말했다.

"화려한 의상과 고급 별장, 넓은 정원, 높은 사회적 지위로는 상대방의 생각과 가치관을 판단할 수 없다."

강인한 정신과 긍정적인 사고방식을 가지고 싶다면 타인이나 외부 세계의 가치로 자신을 평가해서는 안 된다. 또한 이성적이고 침착한 태도로 자신이 해야 할 일에 책임을 다하며, 항간에 떠도는 유언비어로 타인을 판단해서는 안 된다.

시야가 좁은 사람은 자신의 단점을 크게 확대하여 생각하며 늘 남들보다 못났다고 자신을 비하한다. 하지만 그렇게 자신을 깎아내릴수록 의심과 불안은 커질 뿐이다. 자신을 먼저 사랑하지 않으면 타인의 사랑도 기대하기 어렵다.

엘레노어 루즈벨트는 제32대 미국 대통령 프랭클린 루즈벨트의 영부인으로서, 우아한 삶을 산 것 같지만 생전에 수많은 공격과 비난의 대상이 되었다. 그녀는 친구가 많은 만큼 적도 많았지만 전혀 개의치 않았다. 사실, 어릴 때는 그녀도 남들의 비난과 지적을 두려워하는 겁쟁이였다. 겁이 너무 많아서 해야 할 일도 제대로 처리하지 못하는 나약한 아이였다. 어느 날, 그녀는 숙모에게 고민을 털어놨다.

"하고 싶은 일들이 너무 많은데 사람들 평가가 너무 무서워요."

숙모가 말했다.

"무슨 일이든 신념을 가지고 과감하게 도전하렴. 남들 얘기는 전혀 신경 쓸 필요 없단다."

그녀는 백악관의 안주인이 된 뒤에도 숙모의 이야기를 떠올리며 당당히 자신의 길을 걸어갔다. 수많은 비난과 유언비어에도 그녀는 주눅 들지 않았으며 오히려 더 강인한 내면을 가지게 되었다.

타인의 비난과 평가에 상처받지 않으려고 지나치게 신경 쓰며 방어적 태도를 보이는 사람이 많다. 하지만 실제로 본인을 제외하고 타인의 일에 관심을 가지는 사람은 별로 없다. 따라서 남들 시선에 얽매여 소중한 시간을 낭비하는 것은 큰 손해다.

유언비어는 독화살과 같아서 화살을 뽑아낸 뒤에도 깊은 상처를 남긴다. 해군 장교 헤럴드 버로스도 유언비어로 큰 상처를 받은 경험이 있다. 젊었을 때 명예를 좇던 그는 타인의 평가에 영향을 많이 받았다. 조금이라도 안 좋은 얘기를 들으면 안절부절못하며 몇 날 며칠이고 잠을 못 이루었다.

"당시 사람들은 저를 미친개, 독사 또는 냄새나는 스컹크라 불렀어요. 세상에 존재하는 온갖 더럽고 기분 나쁜 단어는 다 들어본 것 같아요. 그런 말을 들을 때마다 바닥으로 곤두박질치는 기분이었죠. 하지만 지금은 무슨 말을 들어도 끄떡없어요."

그는 어떤 공격에도 흔들리지 않는 단단한 사람이 되어 있었다.

"타인의 악의적인 비난에 흔들리지 말고 아무 일도 없었던 것처럼 행동하라. 그러면 비난도 금세 사라질 것이다."

링컨의 말이다. 우리는 자기감정에 대한 책임을 외부 세계로 떠넘기지 말고 스스로 운명을 개척해 나아가야 한다.

줄리아 로즈는 라디오 음악 프로그램의 진행자였다. 그녀는 뛰어난 곡 선정과 해설로 청취자들에게 좋은 평가를 받았다. 물론 그녀의 진행이 마음에 들지 않는다는 의견도 있었지만 그녀는 크게 개의치 않았다.

그러던 어느 날, 그녀 앞으로 욕설 가득한 편지가 도착했다. 그녀는 답장을 보내는 대신 방송 중에 편지 내용을 공개했다. 며칠 뒤 그녀는 똑같은 사람으로부터 다시 한 번 욕설로 일관된 편지를 받았다. 그녀는 가볍게 웃으며 말했다.

"저에 대한 이 청취자의 인상은 변함없네요. 여전히 제가 사기꾼에 머저리라고 생각하는 걸 보면요."

그녀는 청취자가 쏜 독화살에도 아무런 상처를 받지 않았다. 오히려 악의적인 비난에도 태연하게 대처함으로써 편지를 쓴 당사자의 코를 납작하게 해준 셈이다.

성격이 극단적인 사람들은 종종 상대방에 대한 적의나 질투심 때문에 악의적인 비난을 일삼는다. 마음이 약한 사람들은 유언비어라는 독화살을 맞으면 깊은 상처를 입으며 심한 경우 정상적인 생활이 불가능할 정도로 힘들어한다. 날아오는 화살의 방향을 바꿀 수 없다면 단단한 방패를 준비해 화살에 맞아도 끄떡없도록 대비해야 한다.

하고 싶은 일이 있는데 타인의 비난이나 유언비어가 두려워 시도조차 못 하고 있는가? 화살이 날아오면 가볍게 몸을 돌려 공격을 피하는 건 어떨까? 뛰어난 인재는 늘 사람들의 견제를 받게 마련이다. 하지만 시간이 지나면 다 잊히게 마련이니 포용력을 가지고 태연히 대처하는 지혜가 필요하다.

"졸렬한 사람은 위대한 사람의 단점과 실수에 주목한다."

이는 쇼펜하우어의 말이다. 졸렬한 사람은 타인을 공격하고 비난함으로써 자신의 존재를 인정받으려 한다. 남들보다 뛰어난 사람은 질투나 비난의 대상이 되기 쉽다. 사람들은 비난하는 상대가 성공한 사람일수록 더 큰 만족을 느낀다.

1929년, 미국 교육계를 뒤흔든 사건이 일어났다. 교육계 인사들은 사건의 정황을 파악하고자 앞다투어 시카고로 몰려들었다. 주인공은 바로 몇 년 전만 해도 학업과 아르바이트를 병행하던 예일대학교 학생 로버트 고더드였다. 카페 서빙과 벌목꾼, 가정교사, 판매원을 전전하며 생계를 이어 가던 그는 30세에 시카고대학교 4대 총장으로 선발되었다. 그 소식은 당시 교육계에 엄청난 충격을 안겨주었다. 로버트의 총장 임명을 반대하는 목소리가 일제히 쏟아져 나왔다. 사람들은 그의 나이와 부족한 경험은 물론이고 일거수일투족을 트집 잡아 비난하기에 이르렀고, 신문사들도 가세했다.

로버트가 총장으로 임명되던 날, 그의 부모를 찾아온 지인이 입을 열었다.

"오늘 신문에 로버트를 비난하는 사설을 보고 정말 깜짝 놀랐어요."

로버트의 아버지가 말했다.

"그래요? 그것 참 유감이군요. 사람들이 '죽은 개는 아무도 걷어차지 않는다'는 사실을 기억했으면 좋겠어요."

성공한 사람은 늘 외부인들의 공격 대상이 된다. 하지만 지혜로운 사람은 타인의 비난이나 공격에도 흔들리지 않으며 전혀 거들떠보지 않는다.

때때로 유언비어는 빠져나오기 어려운 함정이자 피할 수

없는 재난이 된다. 하지만 지혜로운 사람은 그것을 통해 자신을 단련하고 더 나은 미래를 위한 기회로 삼는다. 그들은 열악한 환경을 탓하지 않으며 신념을 가지고 자기만의 운명을 개척한다.

삶이 불안정하고 유언비어의 주인공이 되었다고 해서 운명을 탓해서는 안 된다. 모든 것은 마음먹기에 달렸다.

미국의 기업가 찰스 슈와브는 프린스턴대학교 연설에서 강철 공장 숙련공의 이야기를 들려주었다.

어느 날, 숙련공은 동료들과 논쟁을 하고 있었는데 상대방이 그를 진흙탕에 빠뜨리고 말았다. 그 모습을 본 슈와브가 물었다.

"온몸이 진흙투성이군요. 무슨 논쟁이었기에 당신을 진흙탕에 빠뜨린 건가요?"

숙련공이 대답했다.

"별일 아니에요. 웃고 지나가면 그뿐이죠."

슈와브는 진흙을 뒤집어쓴 숙련공의 태도에 크게 감명했다. 그는 '웃고 지나가면 그뿐'이라는 말을 자신의 좌우명으로 삼았던 것이다.

악의적인 공격을 받았을 때도 별일 아니라는 듯이 웃고

지나가 버리면 그만이다.

남북전쟁이 벌어졌을 때, 링컨 대통령은 적들의 온갖 비방에도 흔들리지 않았다. 만약 그렇지 않았다면 일찍 백기를 들었을지도 모른다. 당시 링컨이 남긴 명언은 더글러스 맥아더 장군의 작전 사무실과 윈스턴 처칠의 서재에도 붙어 있었다.

'적들의 비방을 멈추려면 그것에 무관심해지면 된다. 나는 지금까지 양심에 거리낌 없이 떳떳하게 살았고 죽을 때까지도 그러기 위해 최선을 다할 것이다. 내가 옳다면 어떤 비방도 의미가 없다.'

프랑스의 유명 작가는 이런 말을 남겼다.

"때로는 적들이 나보다 나에 대해 더 정확하게 알고 있다."

비방하는 소리를 들으면 사람들은 크게 화를 내며 자신을 변호하느라 이성을 잃는다. 하지만 비방의 내용을 밝히려고 애쓰느라 시간과 노력을 낭비할 필요는 없다. 비방하는 사람들은 타인의 삶에 관심이 없으며, 우리가 어떻게 살든 신경 쓰지 않기 때문이다. 따라서 어떤 비방이나 비평을 받든 크게 마음에 두지 않는 것이 좋다. 그것보다는 차라리 오늘 저녁 메뉴를 생각하는 게 더 가치 있다.

비방에 대한 변호가 필요한 순간에도 불같이 화를 내며 조급하게 서두르는 태도는 좋지 않다. 그럴 때는 자신한테 이렇게 말해보자.

"흥분하지 말고 잠깐만 기다려. 나는 성인군자가 아니야. 아인슈타인도 자기가 한 실험의 구십구 퍼센트가 실패라고 인정했듯이 나 역시 실수할 수 있어. 비방의 내용이 옳다면 내 잘못을 꼬집어준 상대방에게 오히려 감사하게 생각해야지. 그러면 이번 기회를 바탕으로 더 나은 사람이 될 거야."

지혜로운 여자는 비방이나 유언비어로 좌절하거나 괴로워하지 않으며 오히려 그것을 통해 성장한다. 그들은 타인의 비방에도 빛을 잃지 않으며 그것으로 자신을 더욱더 빛낼 줄 안다.

변하고 싶다면 새로운 그림을 그려라

변화를 추구하는 것은 인간의 본능이다. 같은 도화지를 가지고 있어도 사람들은 저마다 다른 그림을 그린다. 남을 잘 따라 하는 사람은 타인과 똑같은 복제품을 갖게 되고, 변화를 추구하는 사람은 자기만의 그림을 갖게 된다.

우리는 변화의 힘을 믿고 평범한 삶을 특별하게 바꾸며 무미건조한 일상에 재미를 더하는 법을 배워야 한다. 길가에 핀 들꽃에도 봄이 깃들어 있듯, 생명은 신비하고 위대한 힘을 가지고 있다.

외롭고 무료한 생활에 불만이 많다면 상황을 바꾸기 위해 노력해야 한다. 평소 호기심을 갖고 열정적으로 할 수 있는 일을 찾아 나서는 것도 좋은 방법이다. 때로는 그러한 열정적인 기운이 주변으로 퍼져나가 큰 변화를 불러오기도 한다.

미국의 소설가 마크 트웨인은 《톰 소여의 모험》에서 톰의 열정이 친구들에게 퍼져나가는 과정을 잘 묘사했다.

뜨거운 여름, 톰은 강에서 수영하며 놀고 싶었지만 폴리 아주머니의 부탁으로 담장에 칠을 해야 했다. 강으로 달려가는 친구들을 바라보던 톰은 괴로웠다. 그는 친구들을 붙잡기 위해 꾀를 냈다. 톰은 담장에 열심히 칠을 하며 재밌어 죽겠다는 듯이 연기했다. 한 친구가 톰에게 물었다.

"나는 수영하러 가는데 넌 칠이나 하고 있구나?"

톰은 친구의 말에도 아랑곳하지 않고 계속 즐겁게 칠을 했다. 그것을 의아하게 생각한 친구가 다시 물었다.

"그게 그렇게 재밌어?"

그제야 톰이 웃으며 말했다.

"당연하지. 수영은 언제라도 할 수 있지만 담장 칠하는 건 아무 때나 못 하는 일이잖아."

그 말에 친구들은 고개를 끄덕이며 자신도 칠을 하게 해 달라고 졸랐다. 톰은 마치 선심이라도 쓰듯 그러라고 하면서 속으로는 쾌재를 불렀다.

일상이 무료하다며 불평만 하지 말고 그 안에서 재미를 찾아보자. 매일 반복되는 집안일도 생각을 바꾸면 즐거워질 수 있다.

지혜로운 여자는 열정적인 탐구와 창조 정신으로 무미건조한 일상에 활력을 불어넣는다.

가정주부 도리는 나에게 불만을 토로했다.

"주부가 얼마나 따분한 줄 알아요? 매일 세 끼 식사 준비만 하는 것 같다니까요."

나는 도리와 이야기를 나누던 중 그녀가 주방용품 관련 잡지를 모은다는 걸 알고는 다음에 만나면 좋은 주방용품을 추천해달라고 했다.

며칠 후, 도리는 몰라보게 활력이 넘쳤다. 눈을 반짝거리며 주방용품을 추천해주는 그녀는 완전히 다른 사람 같았다. 내가 말했다.

"즐거워 보여서 기분이 좋네요. 앞으로도 지금처럼 즐겁게 생활하세요. 평소 취미를 즐길 여유가 없다는 건 저도 알아요. 집안 살림에 아이들 양육까지 골치 아픈 일들이 많다

는 것도요. 하지만 좋아하는 일을 찾아 취미생활을 즐겨보
세요. 잠시 골치 아픈 일들을 잊을 수 있다는 것만으로도 기
분이 좋아질 거예요."

도리는 웃으며 고개를 끄덕였다.

앨린의 상황은 훨씬 더 심각했다.

"선생님이 알려준 대로 좋아하는 일을 찾았지만 변하는
게 하나도 없어요. 제 유일한 취미는 영화를 보는 건데 영화
가 끝날 때마다 기분이 더 울적해지는 것 같아요. 스크린 속
배우들은 화려하고 멋진데 제 인생은 고달프기만 하거든요."

앨린에게는 영화 감상 말고 다른 취미는 전혀 없었다.

"당신의 삶도 충분히 아름다워요. 다만, 아직 발견하지 못
했을 뿐이죠."

나는 그녀에게 다양한 취미를 가져보라고 권했다. 그때부
터 앨린은 주말마다 친구들과 암벽등반을 시작했다. 그리고
겨울에는 스키를 탔다. 초보자인지라 눈밭에 자주 넘어지면
서도 웃음이 끊이지 않을 만큼 즐거웠다.

얼마 뒤 앨린을 만난 나는 물었다.

"요즘도 울적한가요?"

앨린은 미소를 지으며 대답했다.

"그럴 리가요. 요즘 너무 바빠서 울적할 시간조차 없는걸요?"

따분하고 무미건조한 일상을 바꾸고 싶다면 변화를 두려워해서는 안 된다. 용기를 내어 자기 안에 아직 발견되지 않은 열정을 끄집어내야 한다.

경제적인 여유가 없어서 인생을 즐길 수 없다고 생각하는 여자가 많다. 하지만 과연 그럴까? 돈이 없으면 행복해지지 못하는 걸까? 그렇다면 돈이 얼마나 모일 때까지 참고 살아야 할까? 지혜와 용기를 가지고 지금 당장 생각을 바꾸지 않으면 영원히 행복해질 수 없다.

지독하게 척박하고 황량한 땅에도 봄은 찾아오게 마련이다. 그러니 영혼의 꽃이 시들지 않도록 지금부터라도 잘 가꾸고 보살피자.

4

내 마음을 잘 알아야 충실한 삶을 살 수 있다

좋은 책은 사람들에게 인생의 의미를 돌아볼 기회를 제공한다.
좋은 책을 가까이하는 여자는 폭넓은 지식과 인생의 지혜를 왕
성하게 섭렵한다. 프랑스의 철학자 미셸 몽테뉴는 말했다.
"책은 우리에게 함축적이고 점진적인 즐거움을 선사한다."
지혜는 독서와 지식을 통해 얻을 수 있는 매력적인 외투다.

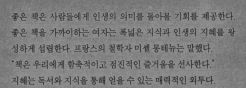

지식으로 영혼의 빈자리를 채워라

프랑스의 철학자 미셸 몽테뉴는 말했다.

"책은 우리에게 함축적이고 점진적인 즐거움을 선사한다."

지혜는 독서와 지식을 통해 얻을 수 있는 매력적인 외투다. 요즘은 로맨틱한 드라마에 열광하는 여자가 많다. 하지만 드라마가 일상생활에 미치는 부정적인 영향이 적지 않다. 드라마는 현실에서 도피하고 환상을 좇는 여자들의 심리를 만족시켜주지만 결국 그들의 영혼을 타락시킬 뿐이다. 아는 것이 힘이다. 지식으로 내면을 무장한 사람만이 사치와 허영에 빠지지 않고 편안한 삶을 누릴 수 있다.

에머슨은 말했다.

"좋은 책은 강한 생명력과 전염성을 가진다. 사람은 좋은 책을 통해 생각의 틀을 확장한다."

사람들은 독서를 통해 깊은 지혜와 깨달음을 얻으며, 지식으로 영감을 느낀다.

깨달음을 얻는 순간 우리의 영혼은 무거운 갑옷을 벗고 밝은 빛을 향해 나아간다. 따라서 어떤 책을 읽는지가 무척 중요하다. 고전을 많이 읽되 백마 탄 왕자와 사랑에 빠지는 내용이 주를 이루는 연애소설은 되도록 피하는 것이 좋다.

좋은 책은 사람들에게 인생의 의미를 돌아볼 기회를 제공한다. 좋은 책을 가까이하는 여자는 폭넓은 지식과 인생의 지혜를 왕성하게 섭렵한다.

동서고금을 막론하고 위대한 업적을 남긴 위인들은 모두 독서를 통해 양분을 흡수함으로써 영혼을 살찌우고 지혜와 깨달음을 얻었다. 그들은 지식의 칼날로 세계와 운명의 장애물을 뛰어넘고 위업을 달성했다. 그들은 고전을 비롯한 양질의 책을 통해 사고의 폭을 넓히고 자신과 세계를 이해했다.

자극적인 소재와 가벼운 내용으로 구성된 책들만 골라 읽는 여자가 있다. 이런 책은 지혜와 깨달음을 주기는커녕 욕망과 허영심을 부추길 뿐이다. 예컨대 이루어질 수 없는 사랑을 꿈꾸도록 충동질하여 절망감을 안겨주거나, 비현실적인 이야기로 현실 도피를 하게 만든다. 결국 마약중독자처럼 나날이 수척해지다가 모든 힘을 소진한다.

한 철학자가 말했다.

"천박하고 쓸모없는 책들은 사라져야 한다. 거리나 열차에서 가십과 스캔들을 다루는 잡지는 최대한 멀리해야 한다."

독서는 영혼에 영양분을 공급받는 것과 같으므로 책을 고를 때도 신중해야 한다. 양질의 책은 시야와 사고의 폭을 넓혀주며 우리를 밝은 곳으로 인도한다.

혹자가 주장하는 교육 무용론은 황당한 논리이다. 한 개인의 가치를 물질로만 평가한다면 생명의 소중한 가치를 잃을 것이다. 따라서 영혼을 살찌우는 일을 소홀히 해서는 안 된다.

최고의 이상과 뛰어난 지적 능력으로 원하는 목표를 달성하지 못한다면, 졸렬한 이상과 덜떨어지는 두뇌로는 더욱 불가능하다. 우리는 교육을 통해 지식을 함양했기에 치열한 경쟁 사회로 나갈 수 있었다.

종종 이런 말을 하는 사람을 만난다.

"저는 절대 성공할 수 없을 거예요! 저는 대학도 안 나왔고 타고난 재능도 없어요. 게다가 머리도 나쁜걸요. 아무런 희망이 없어요."

렌터카 회사를 운영하는 에드워드 도스는 이웃집 사람과 오며 가며 안면을 텄고, 이내 종종 대화를 나누는 사이가 되었다. 어느 날 에드워드가 말했다.

"혹시 나다니엘 베르디라는 사람 알아요?"

이웃집 사람은 고개를 끄덕이며 항해술로 유명한 사람이 아니냐고 했다. 그러자 신이 난 에드워드가 말을 이었다.

"맞아요. 그는 열 살도 되기 전에 독학으로 라틴어를 깨우치고 아이작 뉴턴이 라틴어로 쓴 '프린키피아'를 공부했대요. 그리고 스물한 살 때 뛰어난 수학자로 이름을 날렸죠. 그러다 항해에 매료돼 항해술과 바다에 관한 지식을 공부했고요. 항해술에 관한 전문서적을 집필한 뒤부터는 업계의 전설로 불렸대요. 상상이 안 돼요. 정식교육은 받아본 적도 없는 사람이 이런 업적을 남겼다는 게요."

고등교육의 목적은 졸업장을 따는 데 있지 않고, 지식을 함양하고 지적생활을 누리는 데 있다. 우리는 지식과 정보가 폭발적으로 증가하는 시대에 살고 있다. 따라서 각종 지식을 흡수하는 일 자체가 삶의 중요한 부분을 차지하게 되었다. 이러한 노력을 꾸준히 하지 않으면 우리 영혼은 망망대해로 내몰릴 것이고, 등대도 없이 방향을 잃은 채 헤매게 될 것이다.

타고난 재능이 없고 좋은 교육을 받지 못했으며, 어릴 때 책을 많이 읽지 못했다고 불평할 필요는 없다. 그러지 않고도 위대한 업적을 남긴 사람들 또한 많다. 그들은 열악한 환경에서 결핍을 원동력으로 삼아 원하는 꿈을 이루었다.

독서는 아무리 오래 해도 지치지 않는 노동으로, 말하자면 신선한 피를 공급해주는 혈액원이다. 주변을 둘러보면 바빠서 책 읽을 시간이 없다는 사람이 많다. 여자들은 해도 해도 끝이 보이지 않는 집안일 탓을 주로 한다. 하지만 시간은 어떻게 나눠 쓰느냐에 따라 여유 시간이 생기기도 하고 없어지기도 한다.

지혜로운 여자는 시간을 언제 어떻게 나눠 쓸지 정확히 알고 있다. 그들은 탄력적이고 자유롭게 시간을 운용한다.

시인이자 소설가 그리고 피아니스트인 엘리스톤은 시간

활용의 고수다. 그는 말했다.

"제가 열네 살 때는 너무 어리고 철이 없어서 피아노 선생님의 말씀을 이해하지 못했어요. 나중에서야 그 말이 진리라는 사실을 깨달았죠.

언젠가 선생님이 제게 하루에 피아노 연습을 몇 시간이나 하는지 물었어요. 저는 매일 서너 시간쯤 한다고 대답했죠. 그랬더니 한 번 연습할 때 몇 시간씩 하는지 물었고, 저는 한 시간 정도 한다고 말했어요. 제 대답을 들은 선생님은 실망스러운 눈빛으로 저를 다그쳤어요.

'그렇게 연습해서는 안 된다. 어른이 될수록 너는 시간이 늘 부족하다는 걸 느끼게 될 거야. 그러니 지금부터라도 몇 분이 됐건 시간 날 때마다 틈틈이 피아노 연습을 하는 습관을 키우렴. 학교에 가기 전, 점심을 먹고 난 뒤, 쉬는 시간에 오 분씩 피아노 연습을 해봐. 시간을 쪼개 매일 연습하면 피아노 치는 일이 네 삶의 일부가 될 거야.'

몇 년 전까지 저는 컬럼비아대학교에서 강의를 했어요. 강의하다가 시간이 나면 글을 좀 써야겠다고 생각했지만 여유가 없었어요. 강의 준비와 과제 검사, 회의 등으로 밤이고 낮이고 늘 바쁘게 뛰어다녔죠. 그렇게 이 년쯤 지나 돌아보니 매일 바쁘다는 핑계로 한 글자도 쓰지 않고 살았더군요. 그제야 선생님 말씀이 생각났죠.

저는 다음 날부터 당장 선생님의 말씀처럼 해보기로 했어요. 쉬는 시간이 되면 오 분 동안 글을 썼어요. 단 몇 글자가 되더라도 무조건 써 내려갔죠. 그런데 정말 놀라운 일이 일어났어요. 오 분씩 쓴 글들을 모아 장편소설을 완성한 거예요. 학교 업무는 나날이 늘었지만 저는 짧은 휴식 시간을 이용해 낮잠도 자고 피아노 연습도 했죠. 나중에는 업무와 일상생활에 영향을 주지 않으면서도 틈새 시간을 이용해 소설도 쓰고 피아노 연습도 할 수 있었어요. 어느새 시간을 자유자재로 활용할 수 있는 사람이 된 거죠."

영어 공부를 하고 싶다고 입버릇처럼 말하지만 항상 시간이 없다는 핑계로 미루는 사람이 많다. 글을 써서 작가가 되고 싶다는 사람도, 춤이나 무용을 배우고 싶다는 사람도 마찬가지다. 위대한 업적을 이룬 사람들은 1만 시간의 법칙을 통해 원하는 목표를 달성했다. 그들은 1만 시간을 채우기 위해 하루를 잘게 쪼개서 생활했으며, 짧은 시간까지 최대한 활용했다. 이것은 늘 시간이 부족한 사람들에게 좋은 해결책이 된다.

이처럼 시간을 알차게 사용해서 영혼의 빈자리를 채울 수
있다면 지금보다 매력적인 사람이 될 것이다.

활짝 핀 꽃 같은 인생을 살아라

'신은 인간에게 결핍이 무엇인지 가르쳤다'라는 말처럼, 결핍의 경험을 가진 사람만이 강인한 마음과 자신감으로 더 나은 미래를 개척할 수 있다.

지혜로운 여자는 결핍이 주는 힘을 알기 때문에 그것을 통해 끊임없이 단련하고 연마해서 내면을 단단하게 만든다.

지혜로운 여자는 마음의 소리에 귀를 기울이고 자신이 진정으로 원하는 일을 향해 나아간다. 그들은 자기만의 가치관과 긍정적인 생각을 가지며 힘든 일이 있어도 쉽게 좌절하거나 포기하지 않는다.

오늘날 지식으로 무장한 여자들이 사회에서 큰 활약을 하고 있다. 사회는 의지와 능력을 갖춘 여자들에게 언제든 무대를 제공한다. 하지만 새로운 기회 앞에서 많은 여자가 도전의 문턱을 쉽게 넘지 못한다. 자기 발전과 가정의 행복이 충돌할 때 선뜻 선택하지 못하기 때문이다. 여자와 달리 남자는 깊게 고민하지 않고 사회로 달려 나아간다.

"신은 남자에게 논리적인 두뇌를 주었고, 여자에게 예술적 감각을 주었다."

이는 라빈드라나트 타고르의 말이다. 여자는 예술가처럼 부드러운 감성과 섬세한 감각을 타고난다. 하지만 그들의 빛나는 영혼은 매일 반복되는 일상에 매몰되어 빛을 잃고, 빛바랜 영혼의 거울에는 먼지가 잔뜩 내려앉는다. 많은 여자가 무미건조하고 따분한 일상에서 공허한 마음을 채우지 못한 채 깊은 심연으로 빠져든다.

마음의 밭을 비옥하게 만들지 않으면 아름다운 꽃을 피우기 어렵다. 잊었던 꿈을 되찾고 목표를 향해 노력할 때 비로소 영혼의 빛을 다시 밝힐 수 있다.

로웰 토머스는 전쟁이 한창인 지역을 떠돌며 교전 장면을 카메라 렌즈에 담았다. 그는 영국군 장교 토머스 로렌스와 에드먼드 알렌비가 제1차 세계대전에 참전했을 때의 기록을 다큐멘터리 영화로 만들었다. 그는 용감무쌍한 로렌스의 부대 활약상과 알렌비가 출정한 과정을 고스란히 영상으로 기록했다. 제1차 세계대전을 다룬 다큐멘터리가 큰 성공을 거두자 토머스는 2년의 제작 과정을 걸쳐 인도와 아프가니스탄에 관한 영화를 찍으려 했다.

하지만 토머스는 돌연 난관에 부딪혔다. 예산 부족으로 자금 운용이 어려워져 파산하고 만 것이다. 그는 깊은 구렁텅이로 굴러떨어졌다는 생각에 크게 좌절했지만 그것도 단 며칠에 불과했다. 빈털터리가 된 그는 허기를 달래기 위해 노점상에서 파는 싸구려 음식을 먹어야 했는데, 유명한 스코틀랜드 화가를 만나지 못했다면 그마저도 먹을 수 없었을 것이다.

토머스는 낙관적인 성격을 타고났다. 힘든 일이 생겼다고 해서 비관해봤자 아무 소용없다고 생각했다. 토머스에게 돈을 빌려주었다가 낭패를 본 투자자들도 같은 생각이었다. 그들은 계속 토머스를 지켜보았다. 토머스는 평소처럼 생활했다. 매일 아침 꽃 한 송이를 옷에 꽂고 당당하게 옥스퍼드 스트리트를 활보하며 머릿속으로 유쾌한 장면을 떠올렸다.

그는 자기만의 기준으로 긍정적인 생각과 부정적인 생각들을 판별한 뒤 긍정적인 생각들만 남기려고 노력했다. 그는 '좌절은 더 높이 오르기 위해 반드시 겪어야 하는 훈련'으로 여겼다.

1년 뒤 토머스는 난관을 잘 극복하여 투자자들에게 좋은 인상을 남겼다. 그 결과 토머스는 더 이상 빚 독촉에 시달리지 않게 되었고, 일부 투자자들에게 다시 자금 지원을 받아냈다.

진정한 아름다움은 외모가 아니라 마음에서 우러나온다. 지적인 내면을 가진 사람은 어떤 곳에서도 빛이 난다. 지식은 눈에 보이지 않지만 엄청난 힘을 내포하고 있다. 지적인 여자는 넓은 식견과 긍정적인 생각을 가지고 자유롭게 산다.

생명은 막 피어오르는 싹처럼 잘 기르고 가꿔야 하는 신비한 존재다. 이런 이치를 깨닫지 못한다면 허무함과 공허함을 견디지 못할 것이다. 가정주부 대부분이 권태와 무료함에 빠지는 이유는 지식 탐구를 포기하고 영혼을 돌보지 않기 때문이다. 버려진 예술 작품처럼 원래의 가치와 아름다움을 상실한 것이다.

지식은 마음에 아름다운 꽃을 피우고 탐스러운 열매를 맺게 한다. 끊임없이 지식을 탐구하는 여자는 밝고 건강한 기운을 발산하며, 다 읽지 않은 책처럼 궁금증을 불러일으킨다.

하버드대학교 전 총장 로렌스 로웰은 말했다.

"대학에서는 학생들에게 스스로 도울 방법을 가르친다. 교육은 인간을 성장시키는 길고 긴 과정이다."

외모는 세월의 흐름에 따라 빛을 잃지만 지식은 세월이 지날수록 더 빛을 발한다. 따라서 평생 지식을 탐구하며 자신의 가치를 높이는 여자는 다 읽지 않은 책처럼 신비한 아름다움을 간직하게 될 것이다.

시련 앞에서 어쩔 줄 몰라 당황하는 사람이 있는가 하면, 남들과 비교하며 괴로워하는 사람도 있고, 남을 원망하며 자괴감에 빠지는 사람도 있다. 하지만 지식이 풍부한 사람은 아무리 힘든 시련 속에서도 긍정적인 태도를 잃지 않는다.

"대학 졸업장을 따서 오랫동안 꿈꿔왔던 변호사가 되는 게 제 유일한 목표예요."

프라이슬러는 회사에 다니면서 브루클린 야간대학에 입

학했을 때 이렇게 말했다. 그는 하나의 전공에 만족하지 않고 법학과를 복수 전공했다.

"제 꿈과 더 가까워진 것 같아서 기뻐요. 대학에서 오 년 공부한 뒤 로스쿨에서 오 년만 더 공부하면 돼요."

당시 프라이슬러는 60세였다.

교육을 통해 지식을 쌓은 사람의 영혼은 더 밝은 빛을 발산한다. 지식이 풍부한 사람은 어떤 장애물도 거뜬히 뛰어넘는다. 지식은 우리의 정신을 더 높은 곳까지 끌어올려 삶을 풍요롭고 가치 있게 만들어준다.

앤서니 버지스는 마흔 살에 뇌종양 진단을 받고, 앞으로 1년밖에 살지 못한다는 시한부 선고를 받았다. 당시 그는 파산 상태여서 그대로 죽으면 아내 리나는 무일푼 과부가 될 처지였다.

버지스는 아내에게 유산을 남겨주고 싶다는 마음으로 소설을 쓰기 시작했다. 그는 전문 소설가는 아니었지만 글쓰기에 재능이 있다는 걸 알았다. 다만 자신이 쓴 소설이 책으로 출판될지는 그도 알 수 없었다.

"천구백육십 년 일월, 의사는 제가 가을을 넘기지 못할 거라고 예상했어요."

그때부터 필사적으로 글을 쓴 버지스는 무려 다섯 권의 소설을 완성했다. 그는 단기간에 영국 소설가 에드워드 포스터나 미국 소설가 제롬 데이비드 샐린저보다 더 많은 작품을 쓴 것이다.

시한부 환자였던 버지스는 죽지 않았다. 오히려 증상이 호전되면서 암세포가 서서히 사라졌다. 그는 건강을 회복하고 더 이상 홀로 남을 아내를 걱정하지 않게 되었다. 그날 이후 버지스는 전업 작가의 길로 접어들었다. 그는 대표작 《시계태엽 오렌지》를 비롯하여 70여 권의 작품을 집필했다. 만약 그가 시한부 판정을 받지 않았다면 그의 작품은 영원히 세상에 나오지 못했을 것이다.

앤서니 버지스가 소설가로 명성을 떨친 것은 어릴 때부터 다양한 책을 섭렵해왔기 때문이다. 지독한 독서광이었던 그는 마흔 살이 되기 전까지는 글을 써야 할 필요성을 느끼지 못했다. 그에게 독서는 그저 시공을 넘나들며 경험과 지식을 쌓을 좋은 수단에 불과했다. 그는 독서를 통해 식견을 넓히고 지적 소양을 갖추었다.

버지스의 잠재력을 끌어낸 것은 죽음에 대한 공포였다. 외부의 자극이 그의 내면에 잠들어 있던 표현 욕구를 끄집어낸 셈이다. 독서로 쌓은 지적 소양이 없었다면, 죽음 앞에서 이성적인 사고 판단을 못 했을뿐더러 남겨질 가족을 걱정하며 소설을 쓸 생각은 하지 못했을 것이다.

"저는 자연에서 영감을 받아요. 광야에 서 있으면 저라는 존재는 사라지고 사물 본연의 모습들이 눈에 들어와요. 평소에는 볼 수 없는 사물 속 아름다움이 서서히 드러나는 거죠."

독서를 통해 사람들은 마음의 대화를 나눈다. 책을 읽으며 불안정한 마음을 위로받고 평소 느끼지 못했던 세계에 눈을 뜬다.

끊임없이 지식을 탐구하는 사람은 언제나 침착하고 이성적인 태도를 유지한다. 그들은 지적 소양이 높고 강인한 마음을 가지고 있어서 어떤 시련이 닥쳐와도 쉽게 좌절하거나 무너지지 않는다.

다 읽지 않은 책처럼 신비한 아름다움을 간직하고 싶다면 호기심을 잃지 말라. 반복된 일상에 매몰된 채 무미건조한 삶을 이어간다면 결국 삶의 소중한 가치를 잃어버릴 것이다. 10년간 가정주부로 살아온 한 여자가 말했다.

"요즘은 바보가 된 기분이에요. 매일 똑같은 일만 반복하며 살아가요. 일어나서 아침 식사를 준비하고 남편과 아이

들이 나가면 청소를 하죠. 그리고 장을 보러 갔다 와서 점심
식사 준비를 하고 빨래를 한 뒤엔 저녁 식사를 준비해요. 그
러면 하루가 가죠.

결혼하기 전에는 저도 트렌드에 민감한 여자였어요. 늘
공부하고 책 읽기를 즐겼죠. 그런데 지금은 남편의 부속품
이 된 것 같아요. 매일 남편을 위해 청소하고 밥하는 게 전
부예요. 더 최악인 건 이젠 남편이 제게 말도 안 건다는 거
예요. 솔직히 저도 제 매력을 못 찾겠어요. 생각 없이 똑같
은 일만 반복하는 로봇이 돼버린걸요."

누구나 부단한 자기계발을 통해 성숙하고 지혜로운 사람
이 되려고 노력해야 한다. 인생에 대한 책임을 남자에게 모
두 전가하려는 여자는 자신의 발언권을 스스로 포기하는 꼴
이다.

사랑하는 사람과의 결혼을 계획하거나 이미 결혼에 골인
한 여자들은 아내의 역할에 충실해야 한다는 부담과 사회
로부터 격리될 위험을 동시에 안고 있다. 이때 독서를 비롯
한 자기계발을 게을리한다면 사회와 시대로부터 뒤처질 것
이다.

심리학자 스칼 로날드가 남성 2천 명을 대상으로 설문조

사를 했다. 그는 결혼 후 부인이 집에서 내조만 하는 가정주부가 되길 바라는지 물었다. 그 결과 수입이 없는 남성을 제외한 대부분은 '네'로 답했다. 사회 경험이 없는 여성과 결혼할 의사가 있느냐는 질문에는 예상외로 남성 대부분이 '아니요'로 답했다. 그는 '아니요'를 선택한 남성들에게 그 이유를 묻자 돌아온 답은 이랬다.

'사회 경험이 없는 여자는 의존성이 강하고 독립성이 부족하다. 혼자서 아무것도 할 줄 모르는 여자와 살기는 싫다.'

전근대적인 사상에서 깨어나지 못한 남자들은 여전히 자기 부인이 활발한 사회 활동을 하는 것을 싫어한다. 하지만 사회 활동을 적극적으로 해나가는 여자들을 훔쳐보며 곁눈질한다.

독립적이고 당당한 여자는 언제나 빛이 난다. 이를 위해서는 끊임없이 공부하고 자기계발을 해야 하는데, 그런 여자는 매력적일 수밖에 없다. 지식이 풍부한 여자는 생각이 깊고 자기 가치관이 뚜렷하다.

에머슨은 말했다.

"대자연은 인간을 해방해준다."

우주에서 지구를 내려다보면 자연의 위대함에 할 말을 잃게 된다고 한다. 자연은 풍요로운 물질 자원과 정신 에너지를 제공하여 인간을 지혜롭게 만든다.

아테네에서 태어난 데모스테네스는 태어날 때부터 말을 더듬었으며, 목소리가 가늘고 말할 때 어깨를 들썩이는 나쁜 습관이 있었다. 그가 웅변가가 될 가능성은 전혀 없었다. 당시 아테네의 잘나가는 웅변가들은 모두 목소리가 크고 우렁찼으며 발음도 또렷한 달변가였기 때문이다. 아테네는 토론이 발달한 도시여서 말솜씨가 뛰어난 사람도 엄격한 시험과 선별 절차를 통과해야 웅변가가 될 수 있었다. 말더듬이였던 데모스테네스는 언제나 사람들의 조롱을 받았고 심지어 말하는 도중 무대에서 강제로 끌려 내려가기도 했다. 하지만 그럴 때마다 데모스테네스는 기죽거나 포기하지 않고 오히려 투지를 활활 불태웠다.

그는 뛰어난 웅변가가 되기 위해 남들보다 몇 배로 노력했으며 고된 훈련을 참고 이겨냈다. 예전의 치욕을 갚고 자존심을 회복하기 위해 힘들어도 이를 악물었다. 그는《펠로폰네소스 전쟁사》8권을 필사했으며, 유명한 웅변가에게 겸손히 가르침을 청했다. 발음을 교정하기 위해 나뭇가지를 입에 물고 낭독 연습을 하는 것은 물론이고, 짧은 호흡을 극복하려고 산길을 뛰어다니며 시를 낭송하기도 했다. 또한 어깨를 들썩이는 습관을 고치기 위해서 머리 위에 칼이나 쇠막대기를 올려놓고 웅변 연습을 했다. 집에서는 매일 아침 거울을 보며 자세 연습까지 했다.

데모스테네스는 발음 연습뿐 아니라 정치적·문학적 소양을 키우는 데도 게을리하지 않았다. 고대 그리스 신화와 시를 연구하고 우수한 희곡을 외우며 유명한 역사가의 문체와 풍격을 몸에 익히려고 노력했다. 또한 당시 플라톤의 웅변을 귀담아들으며 그의 말과 몸짓을 철저히 분석했다.

10년 뒤, 데모스테네스는 당대 최고의 웅변가로 무대에 올랐고, 그의 연설문을 엮은 책은 수많은 사람을 감동시켰다.

데모스테네스는 8권의 《펠로폰네소스 전쟁사》를 필사할 때까지만 해도 자신이 해낼 수 있을 거라는 확신이 없었다. 하지만 변화는 이미 시작되었고 꾸준히 쌓인 그의 노력은 결국 그를 완전히 새로운 사람으로 만들어주었다. 그가 끊임없이 지식을 탐구하고 노력했기 때문에 얻을 수 있었던 대가다.

지혜로운 여자는 사회생활을 그만두고 집에 있더라도 자기계발을 멈추지 않으며 끊임없이 지식을 탐구한다. 더 나은 사람이 되려고 노력할 때 비로소 변화는 시작된다.

활짝 핀 꽃 같은 인생을 살아라

마음의 밭을 비옥하게 만들지 않으면 아름다운 꽃을 피우기 어렵다. 잊었던 꿈을 되찾고 목표를 향해 노력할 때 비로소 영혼의 빛을 다시 밝힐 수 있다.

내면은 영혼의 정원이다

독서를 통해 우리는 위대한 지성들과 대화를 나눈다. 영혼과의 대화는 말로 형용할 수 없는 신비한 체험이다. 지식의 힘은 위대하다. 지식이 풍부한 여자는 일상적인 대화 속에서도 빛이 난다. 독서는 우리의 지친 영혼을 충전시키는 가장 빠른 방법이다.

가벼운 마음으로 흥미가 생기는 책을 보는 것도 좋지만, 시공간을 초월하여 진가가 검증된 고전을 읽는 게 가장 좋다. 고전은 마음의 창을 활짝 열어 자연이 우리에게 준 선물을 온몸으로 느끼도록 만든다. 고전을 읽으면 생각의 폭이

넓어지고 시야가 확장되는 경이로운 체험을 할 수 있다.

사람들은 책을 통해 타인의 견해와 다른 문화를 이해하고 받아들인다. 또한 같은 책을 읽더라도 각자 다른 해석을 할 수 있다는 사실을 인정한다.

한 고아 소년이 있었다. 그는 어릴 때 우연히 새뮤얼 스마일스의 《자조론》을 읽었는데 작가가 자기처럼 고아라는 사실을 발견하고 희망을 가졌다. 그는 새뮤얼처럼 성공한 사람이 되겠노라 다짐했고, 그때부터 소년의 인생은 달라지기 시작했다.

소년은 성인이 되어 네 개의 호텔을 경영하는 성공한 사업가가 되었다. 하지만 그는 현실에 만족하지 못했고, 어릴 때부터 간직했던 작가의 꿈을 이루고 싶었다. 그는 호텔 경영을 다른 사람에게 맡기고 글쓰기에 몰두했다. 그의 작업실에는 이런 좌우명이 붙어 있었다.

'매 순간 최선을 다해 글을 쓰자. 운명이 나를 새로운 곳으로 인도할 것이다.'

그는 마음먹은 대로 열심히 글을 썼다. 하지만 운명은 그를 더 험난한 곳으로 데려다주었다. 심각한 경제 위기가 와서 달러 가치가 떨어지고 주식 시장이 붕괴되면서 업체들이 줄줄이 파산했다. 엎친 데 덮친 격으로 호텔에 큰 화재가 발생해 그의 재산은 물론이고 그가 힘들게 쓴 원고까지도 몽땅 타버리고 말았다.

그는 평소 강직한 사람이었지만 모든 것을 잃자 큰 충격에 빠졌다. 하지만 그것도 잠시, 그는 어린 시절 희망을 주었던 책을 떠올리며 두려움을 이겨내려고 노력했다. 주변을 둘러보니 파산한 이는 그만이 아니었다. 금융 회사와 철도 회사를 비롯한 수많은 업체가 줄도산을 하여 실업자가 넘쳐났고, 농업 생산량이 크게 떨어지면서 사람들도 더 살기 어려워졌다.

그는 호텔을 살리는 일보다 위기를 맞이한 사람들을 위로하는 게 더 가치 있는 일이라 생각하고 다시 글쓰기에 매진했다. 돈이 다 떨어진 그는 허름한 마구간에서 글을 썼다. 그리고 얼마 뒤 마침내 《앞으로 나아가라》라는 작품을 완성했다. 이 사람이 바로 유명한 미국 작가인 오리슨 스웨트 마든이다. 그는 이 책을 통해 명성과 부를 모두 거머쥐었다.

《앞으로 나아가라》는 사상가, 정치가, 경영자, 교사, 관리직 종사자들에게 열렬한 환영을 받았으며 대학 교재로 사용되기도 했다. 이 작품은 사람들을 끊임없이 격려하고 일으켜 세웠으며, 지친 사람들에게 용기를 북돋웠다.

이처럼 책이 가지는 힘은 우리가 생각하는 것보다 훨씬 크다. 오리슨도 어릴 때 《자조론》을 읽지 않았다면 희망을 품지 못하고 가혹한 운명을 원망하며 살았을 것이다.

지혜는 지식에서 나오고 지식은 독서를 바탕으로 한다. 따라서 꾸준한 독서를 통해 지식을 쌓는 사람은 밝은 미래를 향해 좀 더 가까이 다가갈 수 있다.

"나를 지탱해준 힘은 배우고자 하는 열정에서 나왔다. 죽을 때까지 나는 멈추지 않을 것이다."

이는 몽테스키외의 말이다.

끊임없는 자기계발과 독서로 내면을 채우는 여자는 언제나 빛난다. 오로지 외모만 신경 쓰는 인형 같은 여자보다 평범하게 생겼어도 내면을 가꾸는 여자가 더 아름답다. 남자는 여자들이 생각하는 것처럼 외모만 보고 상대방을 판단하지 않는다. 그들은 치장에만 관심 있는 여자보다 깊이 있는 대화 상대를 원한다.

내면이 텅 빈 여자는 누구의 마음도 사로잡을 수 없다. 인간관계론 학자 찰리 휴버트는 말했다.

"예쁜 얼굴과 날씬한 몸매를 가진 여자는 매력적이다. 하지만 상대방의 말을 잘 이해하지 못하고 예의를 지키지 않는 여자를 좋아할 사람은 아무도 없다. 그들에게 시급한 일은 내면을 채우는 것이다."

에머슨은 말했다.

"대화가 통하는 사람과의 만남은 몹시 흥분되는 일이다. 자기 생각을 표현하지 못하는 사람은 죽은 것이나 마찬가지다. 우리는 대화를 통해 새로운 영감을 얻고 인간관계를 개선한다. 대화는 서로의 생각을 공유할 수 있도록 도와주는 다리다."

영화 캐스팅 담당자 제임스는 여배우를 캐스팅할 때의 기준에 대해 이렇게 말했다.

"매력적인 외모와 우아한 분위기, 뛰어난 연기력을 중시할 듯하지만 사실, 소통 능력을 더 중요하게 봅니다. 아무리 예쁘고 날씬한 배우라도 사람들과 원만한 대화를 나누지 못하면 캐스팅하지 않아요. 배우가 연기만 잘하면 되지, 인간관계가 무슨 상관이냐고 생각할지도 모르겠지만 사실이 그래요.

좋은 배우가 되려면 사람들을 사로잡아야 하는데, 외모와 연기력만으로는 부족하거든요. 훌륭한 배우는 눈빛으로 감정을 전달하고 말로써 감동을 줄 수 있어야 해요. 가시 돋친 말로 남에게 상처를 주는 사람은 소통이 뭔지도 모르는 사람이죠. 그런 사람이 어떻게 좋은 배우가 되겠어요?"

상대방과 깊이 교류하기 위해서는 그만큼 수준 높은 소양을 갖춰야 하지만 말처럼 쉬운 일이 아니다. 확실히 외모가 아름다운 여자보다 지적이고 교양 있는 여자가 더 매력적이다. 그들은 작은 일로 호들갑을 떨거나 천박한 말과 행동을 일삼는 자들과 차원이 다른 기품을 풍긴다.

자신을 뽐내기 위해 외모와 옷차림에 많은 시간을 투자하는 여자가 많다. 그들은 값비싼 옷과 화장품으로 지적인 분위기를 꾸며내려 하지만 그것만으로는 잠깐의 호기심을 불러일으킬지언정 사람들의 마음을 사로잡기에는 역부족이다. 내면이 꽉 찬 여자는 특별히 애쓰지 않아도 사람들의 관심과 사랑을 받는다.

자동차 타이어 회사 사장인 카라는 지적이고 수완이 좋은 여자로, 늘 침착하고 이성적인 태도를 유지했다. 워싱턴에서 타이어 판매 회사를 운영하는 칼은 말했다.

"카라와의 거래는 언제나 즐거워요. 각자 자신에게 유리한 고지를 차지하려고 머리를 쓰다가도 늘 웃으며 끝나거든요. 카라의 말을 듣고 있으며 마음이 편안해져서 그녀와의 인연을 끊고 싶지 않은 기분에 휩싸여요."

카라에게 고무를 공급하는 회사의 사장은 말했다.

"카라는 쉽게 뿌리칠 수 없는 매력을 가졌어요. 그녀와 거래를 할 때는 늘 기분이 좋아지거든요. 제 입장에서 얘기하다가도 그녀가 어려운 회사 사정과 내부 문제에 대해서 솔직히 말하기 시작하면, 그게 그녀만의 수법이라는 것을 알면서도 고개를 끄덕이게 돼요. 그래서 항상 그녀의 제안을 수락하죠."

이들의 이야기를 종합해보면 카라라는 인물이 우아한 말투를 쓰는 아리따운 여자일 것만 같다. 하지만 그녀는 이러한 상상에서 벗어난다. 그녀는 뚱뚱한 몸매에 평범한 외모의 소유자로, 외적 매력이라고는 눈을 씻고 찾아봐도 없다. 하지만 그녀와 대화를 나누다 보면 누구나 그녀에게 매료된다. 그녀는 편안한 목소리로 대화를 이끄는데, 눈을 지그시 바라보며 상대의 말에 귀를 기울이고 대답을 재촉하거나 몰아세우는 법이 없다. 그녀와 마주하자면 누구나 자연스럽게 이런 말을 건네곤 한다.

"당신은 이제까지 제가 만난 사람들 중 가장 매력적인 여자예요."

그러면 그녀는 이렇게 대답한다.

"별말씀을요, 과찬입니다. 저는 단지 대화 기술을 좀 아는 것뿐이에요."

풍부한 지식과 교양, 침착하고 겸손한 자세는 여자를 매력적으로 만들어준다. 지금부터 마음의 정원을 열심히 가꾸고 확장하자. 그러면 반드시 치명적인 매력을 발산하게 될 것이다.

일은 최고의 진정제다

근심은 언제든지 우리를 공격할 준비가 되어 있다. 한 번 시작된 근심은 멈출 줄 모르고 퍼져나간다. 근심을 없애는 가장 좋은 방법은 머릿속으로 해야 할 일을 계획하고 열심히 실천하는 것이다. 해야 할 일이 많으면 근심이 끼어들 틈이 없다. 하지만 조금이라도 나태해지는 순간 '저 사람 눈빛이 왜 저러지?', '나는 매력이 없는 사람일까?', '사람들은 나에 대해 어떻게 생각할까?' 등 온갖 잡생각이 고개를 든다.

듀런트는 변호사 사무실에서 아르바이트를 하며 부다페스트대학교에서 법학을 공부했다. 전공 시험에 떨어진 그녀는 가족들을 볼 면목이 없어서 친구들과 진탕 술을 마시며 자책했다. 나중에 그 사실을 알게 된 듀런트의 아버지는 딸을 불러 말했다.

"술을 마시거나 수면제를 먹는다고 달라지는 건 없단다. 지금의 고통을 없애는 가장 좋은 방법은 열심히 일하는 거야. 일이 최고의 진정제거든."

아버지의 말을 새겨들은 듀런트는 미친 듯이 일에 몰두했고 얼마 후 변호사 자격증을 취득하는 데 성공했다. 듀런트가 아르바이트하던 변호사 사무실에서는 그녀를 정식 변호사로 채용했다.

시카고 출신의 한 주부도 일로써 근심을 잊는 방법을 터득했다. 그녀의 아들은 진주만 공격을 받은 지 이틀 만에 입대했는데, 그 뒤로 그녀는 불안해서 하루도 마음 편히 있지 못했다. '지금은 어디쯤 있을까?', '무사한 걸까?', '다치기라도 하면 어쩌지?', '설마 전사한 건 아니겠지?' 등등의 걱정이 꼬리를 물었다. 그녀는 어떻게 그러한 불안을 잠재웠을까.

"일부러 바쁘게 몸을 움직였어요."

그녀는 부리던 하녀를 내보내고 집안일을 도맡아 했다. 하지만 몸이 아무리 피곤해도 아들 걱정이 머릿속에서 떠나지 않았다. 그녀는 판매원으로 취직해 더 바쁘게 살았다.

"과연 효과가 있었어요. 온종일 손님들에게 둘러싸여 물건의 크기와 색상, 가격 등을 설명해주느라 다른 생각을 할 틈이 없었죠. 저녁이 되면 퇴근해서 퉁퉁 부은 다리를 쉬게 하고 싶은 마음밖에 안 들더라고요. 집으로 가서 식사를 마치면 아침까지 곯아떨어졌어요."

그렇다. 우리가 일하면서 느끼는 편안함에는 평화와 행복이 포함된다.

오사마는 근심과 불안에서 벗어나 새로운 인생을 살게 된 여성이다. 그녀는 열여섯 살 때 탐험가였던 마틴과 결혼한 뒤 캔자스주를 떠나 인도네시아 칼리만탄 원시림을 탐험했다. 그리고 25년 동안 세계 일주를 했고, 아시아와 아프리카 주변 밀림에서 야생생활을 하며 다큐멘터리를 찍었다. 다시 미국으로 돌아온 부부는 전국을 돌아다니며 다큐멘터리를 상영했다. 그런 날들이 이어졌다면 계속 행복했을 텐데 부부는 불의의 사고를 당하고 만다. 두 사람이 덴버에서 탄 비행기가 이동 중 산봉우리와 부딪혀 추락했는데, 마틴은 현장에서 즉사하고 오사마는 반신불수가 되었다. 의사들은 오사마가 충격에서 쉽게 벗어나지 못할 거라며 크게 걱정했다.

3개월 뒤, 오사마는 휠체어를 타고 강연을 다니기 시작했다. 그녀는 강연에 나선 이유에 대해 이렇게 말했다.

"슬픔과 고통이 제 마음으로 비집고 들어올 틈을 없애고 싶었어요."

일은 자신을 잊게 할 수도, 자신을 되찾아줄 수도 있다. 일은 우울증 치료에 가장 효과적인 방법이기도 하다. 우울증은 마음에 빈틈이 생기면 귀신같이 파고들어 괴롭힌다.

일반적으로 머리를 많이 쓰면 몸이 피곤해질 거라고 생각하지만, 사실은 육체를 움직이는 것이 훨씬 더 사람을 기진맥진하게 한다. 과학자들은 뇌 운동이 활발한 상태에서는 뇌를 지나는 혈액이 전혀 피로를 느끼지 않는다는 사실을 발견했다. 평생 머리를 많이 사용한 아인슈타인의 뇌를 해부한 결과 그의 뇌혈관에는 '피로독소'로 알려진 케노톡신이 발견되지 않았다.

우리가 권태를 느끼는 이유는 평소 생활 태도와 감정 상태 때문이다. 지나친 걱정은 우울감을 불러오는데 이 우울감이 바로 '피로독소'인 셈이다.

평소 걱정이 많은 사람이라면 억지로 걱정을 떨쳐내려고

할 게 아니라 일을 통해 자신을 해방해야 한다. 일은 우리의
마음을 더 강하게 만들뿐더러 행복과 안정감을 제공한다.

일은 최고의 진정제다

일은 우리의 마음을 더 강하게 만들뿐더러 행복과 안정감을 제공한다.

자신의 일을 사랑하라

당신은 당신의 일을 진심으로 좋아하는가, 아니면 그저 지루함을 억지로 견디며 일하고 있는가? 사람들이 피로감을 느끼는 이유는 일 자체가 힘들어서가 아니라 권태와 지루함을 견뎌야 하기 때문이다. 자기 일을 사랑하는 법을 배우지 않으면 그 상황에서 벗어나지 못할 것이다.

에머슨은 말했다.

"성공한 사람은 어떤 일을 하기 전에 많은 계획을 세우지 않는다. 직접 해보기 전까지는 그 일을 잘할 수 있는지 알 수 없기 때문이다."

좋아하는 일을 하는 사람은 성공할 확률이 높다. 지혜로운 여자는 자신이 진심으로 원하는 일이 무엇인지 파악하고 그중에서 가장 잘할 수 있는 일을 찾아낸다. 자신이 잘하는 일이 무엇인지 안다면 편안하고 즐거운 마음으로 나아갈 수 있다.

작가들 중에는 글 쓰는 일에 매료된 사람이 많다.《신의 작은 땅》과《타바코로드》를 쓴 작가 어스킨 콜드웰은 자기 일에 대한 무한한 열정 때문에 친구도 사귀지 못했고 결혼 생활의 위기도 여러 번 맞았다. 하지만 무엇도 그의 열정을 막을 순 없었다. 그는 쉬지 않고 일할 때 비로소 행복감을 느꼈다. 이는 미국의 유명 SF 작가 아이작 아시모프도 마찬가지였다. 그는 글을 쓸 때 방해받는 걸 극도로 싫어했는데, 그럼에도 자신의 감정을 사람들에게 배출하지는 않았다. 아시모프는 언제나 최선을 다해 글을 썼고 집필 작업을 통해 무한한 행복과 안정감을 느꼈다.

"나는 한시도 일에서 손을 놓아본 적이 없기 때문에 항상 시간이 남아돌았다. 사람은 자기 일에 열정을 가져야 하며, 꿈속에서도 일하고 있어야 한다."

이는 포드의 창설자 헨리 포드의 말이다.

한 심리학자는 권태가 피로를 일으킨다는 내용의 책을 출간했다. 미국의 에드워드 손다이크는 그 책의 내용을 입증하기 위한 실험을 진행했다. 그는 실험에 참여한 청년들을 흥분 상태로 만든 뒤 일주일간 잠을 재우지 않았는데, 놀랍게도 청년들은 전혀 피로를 느끼지 않았다. 그는 이런 실험 결과를 얻었다.

"사람들이 일에 집중하지 못하는 이유는 권태에 있다."

정신노동을 할 때 권태를 느끼는 것은 과도한 업무량 때문이 아니라 끝나지 않은 일 때문이다. 사람들은 불확실한 미래의 불안감으로 오랫동안 긴장 상태에 놓이는데, 그때 '피로독소'가 분비된다.

한 항해사는 말했다.

"좋아하는 일을 할 수 있는 것은 대단한 행운입니다."

자신이 좋아하는 일을 하면 온전히 그 일에 몰두할 수 있다. 또한 스트레스가 해소되고 또 다른 가능성을 발견하게 된다.

살다 보면 때때로 싫어하는 일을 억지로 해야 할 때가 있다. 하지만 그게 무엇이든 열정을 가지고 최선을 다해야 한다. 열정만이 피로와 권태에서 우리를 구원할 수 있다. 어떻게 해야 따분한 일에 열정을 가질 수 있을까? 심리학자 윌리엄 제임스는 일할 때 열정적인 것처럼 행동하면 실제로 그런 마음이 생겨난다고 주장했다.

따분하고 지루한 일을 하며 살아가던 한 청년이 마침내 성공한 이야기를 들어보자.

스물두 살 때 청년은 증기선에서 처음 일을 시작했다. 그는 매일 가축을 돌보고 먹이를 주는 일을 하며 모은 돈으로 자전거를 사서 영국을 거쳐 프랑스를 여행했다. 하지만 파리에 도착했을 때 그의 수중에는 땡전 한 푼 남지 않았다. 그는 유일한 재산인 카메라를 팔아 〈헤럴드〉에 구직 광고를 냈다.

얼마 뒤 방문 판매원으로 취직한 그는 집을 돌아다니며 입체경을 팔았다. 프랑스에 도착할 당시 불어를 한 마디도 못하던 그는 1년 만에 최고 연봉을 받는 판매원으로 성공했다. 어떻게 그런 기적이 일어난 걸까?

그는 방문 판매원이 되자마자 사장에게 기본적인 인사말과 물건에 관한 설명을 종이에 써달라고 부탁한 뒤 달달 외웠다. 집마다 초인종을 눌러 문을 열어주는 곳이 있으면 외운 대로 말하고 물건을 내미는 식으로 일했다. 사람들은 미국식 억양이 강한 그의 우스꽝스러운 불어를 듣고 폭소했다. 그러면 부드러워진 분위기를 이용해 준비해 간 카탈로그를 보여주었다. 사람들이 상품에 관심을 보이면 그는 어깨를 들썩이며 "미국인! 미국인!" 하며 모자를 벗어 그 안에 넣어둔 설명서를 보여주었다. 사람들은 어리숙해 보이는 청년을 보고 웃음을 터뜨리기 일쑤였고, 청년도 상대방을 따라 웃으며 제품을 보여주었다.

그렇게 물건을 파는 것이 쉬워 보일지 몰라도 실제로는 만만치 않았다. 시간이 지날수록 그는 이 일을 통해 부자가 되고 싶다는 꿈을 꾸었다. 그는 매일 아침 출근하기 전에 거울을 보며 말했다.

"먹고살려면 열심히 일해야 해. 힘들어서 도저히 못 하겠으면 배우라고 생각하는 거야. 고객의 집은 무대이고 고객은 관객인 셈이지. 연기하듯이 일을 하면 즐거워질 거야."

지혜로운 여자는 힘든 역경 속에서도 즐거운 마음으로 멋진 풍경을 감상한다. 일을 사랑하고 현재의 삶에 열정을 품을 수 있다면 언젠가 진정한 행복이 찾아올 것이다.

현재의 일을 싫어하는 게 아니라면 그 일에 대한 열정을 불러일으켜보자. 자질구레한 집안일과 남편에 대한 관심은 제쳐두자. 치솟는 물가를 원망하거나 화려한 휴가를 떠난 친구를 질투할 필요도 없다. 아무리 돈을 많이 벌어도 늘 근심과 걱정에 휩싸여 있는 여자는 아름답지 않다.

지혜로운 여자는 침착하고 여유롭다. 그들은 초조해하거나 불안에 떨지 않으며 자기 일에 전심전력을 기울인다. 또한 남에게 의존하지 않으며 완전한 독립을 추구하며 끊임없이 삶의 의미와 가치를 찾기 위해 노력한다.

자기 일에 최선을 다하는 여자는 진정 아름답다. 자기 일에 몰두한 여자는 능숙한 원예사처럼 삶의 불필요한 가지를 과감히 잘라낸다.

물론 오로지 일에 몰두하기란 말처럼 쉽지 않다. 회사에 출근하면 온갖 걱정이 머리를 떠나지 않고, 아침에 커피라도 한 잔 마시려고 하면 상사는 늘 두꺼운 서류 뭉치를 건네며 빨리 처리하라고 닦달한다. 동료들은 언제나 바쁘고 자질구레한 일들은 모두 당신의 차지가 된다. 서둘러 일하다가 키보드에 커피를 쏟아 진땀을 빼는데 회사에 갓 들어온 신입 사원이 질문 공세를 퍼부으면 화를 낼 수도 없다. 더 최악은 당신보다 실력이 훨씬 모자란 경쟁자에게 승진 기회를 빼앗겼다는 소식을 전해 듣는 것이다.

이런 상황에서 당신은 도저히 자기 일을 사랑할 수 없다. 할 일은 매일 산더미처럼 쌓여가는데 처리할 능력은 부족하다. 업무 효율은 바닥으로 곤두박질치고 늘 기진맥진한 상태로 잠자리에 든다.

존 밀턴은 말했다.

"인간의 마음은 자기만의 터전을 가진다. 그 속에서 지옥을 천국으로 바꾸거나 천국을 지옥으로 바꿀 수 있다."

성공은 하루아침에 이루어지는 게 아니라 끊임없는 노력의 결과다. 그것은 나폴레옹처럼 위대한 인물도 똑같다. 나폴레옹은 말했다.

"내 생에 행복했던 날은 육 일밖에 없다."

평생 많은 업적을 이루고도 단 6일밖에 행복하지 못했다는 나폴레옹이 부정적인 생각을 긍정적으로 바꾸었다면 어땠을까?

그렇다면 어떻게 해야 생각을 바꿀 수 있을까? 따분하고 지루하다는 생각이 드는 순간 '행복 모드'로 변환하면 즐거운 마음을 계속 유지할 수 있다.

하워드의 인생은 접시 닦는 일이 따분하고 지루하더라도

열과 성을 다해야겠다고 다짐한 순간 변하기 시작했다. 하워드는 또래의 남자아이들이 짓궂게 장난을 치고 게임을 하며 여자 꽁무니나 따라다니던 시기에 아이스크림 서빙을 했다. 처음에는 그 일이 죽도록 싫었지만 그만둘 수 없음을 깨닫고 생각을 바꾼 것이다.

그는 아이스크림 만드는 과정에 관심을 갖기 시작했다. 그리고 아이스크림의 성분은 무엇이고, 단맛을 내는 비법은 무엇인지 쉬지 않고 연구했다. 아이스크림의 화학성분을 열심히 공부한 덕에 고등학교 화학 성적은 늘 상위권이었다. 이것은 자연스럽게 식품화학에 대한 관심으로 이어졌고 그가 매사추세츠대학교 식품화학과에 진학하는 계기가 되었다. 대학을 졸업한 하워드는 개인 실험실을 설립하고 열네 곳 회사로부터 화학성분 의뢰를 받는 것을 시작으로 승승장구하며 업계 최고의 위치에 올랐다.

자신이 하는 일에 아무런 보람도 느끼지 못한 채 따분하고 지루한 일상을 이어가고 있는 여자가 많다. 지금 이 순간에도 일과 가정 사이에서 갈팡질팡하며 회사를 그만두어야 할지 고민하는 여자도 적지 않다.

늘 즐겁게 타이핑을 한다는 여자 이야기를 들어보자.

"우리 조는 네 명의 타이피스트로 이루어져 있어요. 일반적으로 한 사람이 팀장 서너 명의 서신 타이핑을 맡는데 가끔 업무가 불공평하게 분배될 때가 있어요. 어떤 날은 장문의 서신을 타이핑해줬는데 몇 번이나 수정하면서 다시 타이핑해달라고 하는 거예요. 일을 시킨 사람에게 너무 화가 나더라고요. 하지만 제가 하지 않으면 다른 조원에게 그 일을 떠넘기겠다는 바람에 꾹 참고 했죠. 다른 동료에게 피해를 주고 싶진 않았거든요. 나를 괴롭히려고 일부러 이런 상황을 만든 것도 아닐 텐데 이왕 하는 거 재밌게 하자 싶었어요.

하기 싫은 일이 아니라 내가 미치도록 좋아하는 일을 하는 거라고 최면을 걸었죠. 그리고 저만의 게임을 시작했어요. 한 시간 안에 몇 글자를 타이핑하는지 세어보고 타이핑 글자를 점점 늘려갔어요. 나중에는 일할 때마다 습관적으로 타이핑 빨리하기 게임을 했죠. 최고 기록을 깬 날은 평소 보고 싶었던 영화를 보며 스스로 보상도 해줬어요. 덕분에 제 타이핑 속도는 나날이 빨라졌고 업무 효율도 기대 이상으로 증가했어요.

그러다 사장님 눈에 띄어 비서로 승진까지 하게 됐어요.

그날은 정말 행복했죠. 그런데 더 큰 행복이 기다리고 있었답니다. 사장님은 열정적으로 일하는 제 모습에 반해 청혼했고, 결국 우린 부부의 연을 맺었어요. 생각을 바꿨더니 인생이 달라진 거죠."

자기 일을 열정적으로 하는 여자는 아름답다. 열정적으로 일하는 여자는 자신감이 넘칠뿐더러 인생을 대하는 태도가 여유롭다. 이처럼 모든 것은 마음먹기에 달렸으니, 인생을 바꾸고 싶다면 먼저 생각을 바꾸자.

지혜로운 사람이 되어라

지식이 풍부하고 지혜로운 여자는 아름답다. 그들은 손에 넣기 어려운 책과 같아서 한 번 펼치면 절대 눈을 떼지 못한다. 윌리엄 제임스는 말했다.

"평범한 사람은 살면서 뇌를 이십 퍼센트밖에 사용하지 못한다. 대부분 사람은 자신이 어떤 재능을 가졌는지도 모른 채 죽는다. 뇌의 극히 일부만 사용하기 때문에 자신의 능력을 마음껏 발휘하지 못한다."

지혜로운 여자는 끊임없이 자신의 잠재력을 개발한다. 외모는 쉽게 변하지만 지혜는 영원한 생명력을 갖기 때문이다. 그들은 마음속 창문을 활짝 열고 지혜의 빛을 받아들인다. 외모를 가꾸듯이 마음을 가꾸며, 자세를 낮추고 겸손한 자세로 대자연이 주는 지혜를 흡수한다. 그들은 사물을 관찰하고 꾸준히 책을 읽음으로써 경험을 쌓고 선조들의 지혜를 얻는다.

지혜는 다양한 독서와 공부를 통해 얻을 수 있다. 지혜로운 여자는 지식으로 마음을 채우고 사람들에게 감동을 선사한다.

한 주부는 어깨를 축 늘어뜨린 채 남편이 자신을 싫어한다는 얘기를 털어놨다. 그녀의 남편은 성공한 기업 대표로, 아는 것도 많고 품위 있는 남자였다. 그녀는 남편보다 자기 수준이 많이 떨어지는 이유가 대학에 다니지 못했기 때문이라며 한탄했다. 결혼해서 아이를 낳은 뒤에는 자기계발을 할 시간도 부족했는데 남편은 그녀가 음악회, 전시회에 가거나 독서 등의 취미를 즐기길 원했다. 그녀는 절망적인 얼굴로 말했다.

"요즘 남편은 저와 대화가 되지 않는다는 이유로 저를 멀리하고 있어요. 하지만 저는 너무 억울해요!"

자녀가 다 자란 뒤, 그녀는 과연 무엇을 하며 시간을 보냈을까. 그녀는 종종 카드놀이를 했으며, 매주 두 편의 영화를 보고 연애소설을 읽었다. 그녀는 시사에 관심을 갖거나 자기계발에 시간을 할애하지 않았다. 오로지 카드놀이를 하고 영화와 연애소설을 보면서 자신의 품격이 올라가길 바라고 있었던 것이다.

영국의 작가 윌리엄 서머싯 몸은 말했다.

"세상에 못생긴 여자는 없다. 예뻐지는 법을 모르는 여자만 있을 뿐이다."

풍부한 지식과 지혜를 갖춘 여자는 영원한 아름다움을 뽐낸다. 지혜로운 여자는 시야를 넓히고 자신의 한계에서 벗어나려 애쓴다. 또한 지적이고 부드러운 매력으로 상대방이 자기 곁을 떠나지 못하게 만든다.

연애소설에는 열광하면서 다른 책에는 관심이 없는 여자가 많다. 20대에는 지식이 부족해도 상대방의 환심을 살 수 있다. 하지만 그 후에도 지혜와 지식을 쌓지 않는다면 시간이 흐를수록 상대가 점점 멀어질 것이다. 매력적인 여자가 되기 위해서는 지금부터 다양한 경험을 쌓고 양질의 책을 많이 읽어야 한다.

지혜로운 여자는 지식으로 마음을 채우고 사람들에게 감동을 선사한다.

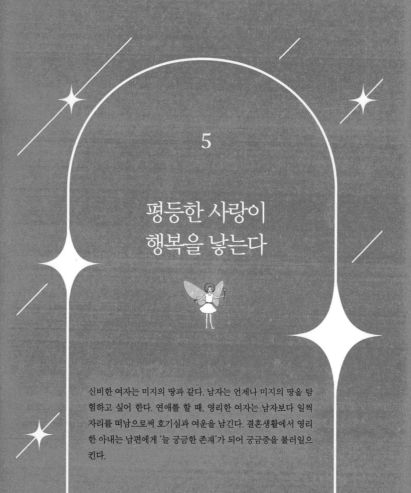

5

평등한 사랑이
행복을 낳는다

신비한 여자는 미지의 땅과 같다. 남자는 언제나 미지의 땅을 탐
험하고 싶어 한다. 연애를 할 때, 영리한 여자는 남자보다 일찍
자리를 떠남으로써 호기심과 여운을 남긴다. 결혼생활에서 영리
한 아내는 남편에게 '늘 궁금한 존재'가 되어 궁금증을 불러일으
킨다.

사랑은 최고의 선물이자 인내의 결실이다

우아해 보이는 한 귀부인이 한숨을 쉬면서 말했다.

"그의 관심은 온통 사업과 친구들 차지였어요. 경제적으로는 풍족했지만 마음은 언제나 공허했어요."

남자에게 일은 제2의 인생이자 가장 중요한 대상이다. 남편이 일과 사랑에 빠지면 아내를 멀리하게 되고 남겨진 아내는 외로움을 느낀다. 이때 아내는 남편의 사랑을 다시 찾길 원한다.

남자들은 그런 상황을 잘 이해하지 못하고 심지어 매우 싫어한다. 막 뜨거운 사랑에 빠진 남자라면 여자가 자신의 사랑을 원한다는 사실에 자부심을 느끼며 우쭐했을 것이다. 하지만 뜨거운 사랑이 식으면 다시 좋아하는 일과 친구들이 있는 세계로 돌아가버린다.

하루는 한 여자가 다소 흥분한 상태로 찾아와 말했다.

"저는 정말 재수가 없어요. 세상에 저를 사랑하는 사람은 한 명도 없어요!"

그녀는 평범한 여자가 아니라 꽤 명망 있는 작가였다. 그녀는 몇 번의 실연을 겪으며 진정한 사랑을 믿지 않게 되었다. 그런데 엎친 데 덮친 격으로 친구에게 배신까지 당해 아무도 믿지 못하게 되었다. 가족과의 관계도 최악이었다. 말끝마다 "재수가 없다"라며 한숨 쉬는 그녀는 과연 사랑을 위해 어떤 노력을 했을까.

사랑은 부드럽게 베푸는 것이지, 거칠게 받아내는 게 아니다. 자신의 가치를 증명하고 자존감을 높이기 위한 수단으로 상대방의 관심을 바란다면 쉽게 얻지 못할 것이다.

외롭거나 인생이 공허하게 느껴진다면 남자의 관심과 사랑을 기대할 게 아니라 자기만의 세계를 확장해보자. 그러면 사랑하는 사람의 관심은 저절로 따라온다.

남편 입장에서도 아내가 집에서 자기만 바라보는 것보다 밖에서 일하는 걸 더 선호한다. 매일 외롭다는 말을 달고 사는 여자는 주변 사람들까지 힘들게 할 뿐이다.

남자는 자신의 세계에서 혼자만의 시간을 견딜 줄 알며 상대방에게 따뜻한 위로와 격려를 건넬 수 있는 여자에게 매력을 느낀다. 미국의 유명한 시인 토머스 엘리엇도 그런 남자였다.

엘리엇은 《황무지》로 미국 문단에 이름을 떨쳤고 20세기 최고의 시인으로 인정받았다. 노벨 문학상을 받은 엘리엇은 수상의 영광을 인생에 한 줄기 빛이자 무한한 영감을 불러일으키는 여인에게 바친다고 말했다. 그 여인은 엘리엇의 두 번째 아내 발레리 플레처였다.

엘리엇은 첫 번째 결혼생활에서 깊은 상처를 입었다. 당시 그는 또래의 평범한 청년들처럼 아리따운 외모에 이끌려 비비엔 헤이 우드를 만났다. 무용수였던 비비엔을 보자마자 사랑에 빠진 엘리엇은 그녀의 정신분열증 병력, 문란한 남자관계, 부모님의 반대에도 불구하고 고집대로 결혼을 밀어붙였다. 하지만 비비엔이 정신분열증으로 병원에 입원하면서 두 사람의 결혼생활은 파국에 이르렀고 엘리엇은 엄청난 충격을 받았다.

엘리엇이 힘든 시기를 보낼 때 그의 인생에 들어온 사람이 바로 발레리다. 엘리엇의 팬이자 문학 애호가였던 발레리는 시를 좋아했다. 엘리엇은 존경의 눈빛으로 자신을 바라봐주는 발레리를 보며 많은 시를 썼다. 그가 시를 완성하면 발레리는 누구보다 먼저 와주었고 밤을 새워 시를 읽으며 감탄했다.

"최고의 시예요. 당신은 제가 아는 사람 중에 가장 재능이 많은 남자예요. 당신은 천재라고요!"

발레리가 펄쩍펄쩍 뛰며 찬사의 말을 쏟아내면 엘리엇도 기분이 좋아졌다. 그때까지 발레리처럼 그의 시를 열심히 읽고 칭찬해주는 여자는 없었다. 여자 대부분은 시를 아예 거들떠보지도 않았으며 오로지 '행복 타령'만 해댔다.

엘리엇은 발레리를 만나서 과거의 아픔을 치유했다. 엘리엇이 시인으로 명성을 얻자 그를 따르는 여자들이 줄을 이었다. 하지만 그의 마음속에는 언제나 발레리뿐이었다.

엘리엇은 노벨 문학상을 받았을 때 이렇게 말했다.

"그녀의 사랑이 제 영혼의 빛을 밝혀주었어요. 제가 아무리 타고난 재능이 있다 한들 그녀가 없었다면 세상 밖으로 나오지 못했을 거예요. 발레리는 갈 곳을 잃고 방황하던 저를 따뜻하게 품어주었어요."

발레리의 따뜻한 사랑은 시인의 천재적인 재능을 세상 밖으로 이끌었고, 어둠 속에 갇혀 있던 한 남자를 구원했다.

진정한 사랑은 따뜻한 빛으로 고독한 영혼을 밝혀준다. 또한 사랑을 무기로 상대방의 관심을 구하지 않으며, 공허한 마음을 채우기 위한 수단으로 이용하지 않는다.

상대의 마음을 헤아려라

어느 날, 모험심 강한 남자가 히말라야산맥을 오르는 도 중 눈사태로 고립되고 말았다. 그는 7일을 견딘 끝에 구조대 원에게 기적적으로 발견되었다. 사람들은 남자가 죽었을 거 라고 생각했지만 그는 집에 가서 아내의 얼굴을 보고 싶다 는 일념으로 희망을 버리지 않았다.

죽었다 살아난 남자가 집에 도착했을 때 아내는 마침 다 림질을 하고 있었다. 남자는 아내를 보자마자 눈사태로 고 립되었다가 구사일생으로 구조된 이야기를 했다.

"여보, 내가 산에서 무슨 일을 겪은 줄 알아? 눈사태가 나서 죽을 고비에 처했는데 기적적으로 구조됐지 뭐야. 내가 칠 일 동안 죽지 않고 버틸 수 있었던 이유는 바로 당신을 보고 싶은 마음 덕분이야. 내가 그때……."

남자는 갑자기 하던 말을 멈추고 아내의 뒷모습을 멍하니 바라보았다. 그의 아내는 남편의 말을 들은 척도 하지 않은 채 다림질에 온 신경을 쏟고 있었다. 잠시 후, 아내가 남자에게 말했다.

"당신은 모험심이 너무 강해서 탈이야. 그 지루한 얘기는 그만 좀 해."

아내의 말에 크게 상심한 남자는 아무 말 없이 방으로 들어갔다. 그날 밤, 죽을 고비를 넘기고 살아 돌아온 남자는 스스로 목숨을 끊었다. 그는 이런 유언을 남겼다.

'난 당신이 정말 이해가 안 돼. 왜 내 말을 귀담아듣지 않는 거지? 내 마음을 당신에게 전하고 싶었을 뿐인데 말이야. 당신에게 나는 아무 가치도 없는 사람이라는 생각이 들었어. 차라리 죽는 게 나은 것 같아.'

섬뜩하긴 하나 아내의 냉대와 무시가 남편에게 얼마나 큰 영향을 미치는지를 잘 보여주는 이야기다. 가정주부로서 집 안일을 잘 처리하고 남편을 내조하는 것도 중요하지만 남편의 이야기에 귀 기울여주는 게 훨씬 더 중요하다.

연애할 때 상대방의 말을 경청해주는 여자의 모습은 큰 매력으로 다가온다. 얼굴이 예쁘거나 말을 유창하게 하지 않더라도 말을 잘 들어주는 여자는 아주 아름다워 보인다.

남자들이 자신의 얘기를 잘 들어주는 여자에게 호감을 느끼는 이유는 상대방에게 존중받고 있다는 생각 때문이다.

남자는 여자 앞에서 영웅 콤플렉스, 피터팬 콤플렉스, 선생 콤플렉스 등 다양한 콤플렉스를 느낀다. 남자는 자신이 영웅 흉내를 내거나 어린아이처럼 굴어도 미소를 지으며 끝까지 이야기를 경청해주는 여자에게 큰 매력을 느낀다.

이와 관련하여 한 잡지에 이런 글이 게재되었다.

'여자들은 집안일도 하고 아이들도 돌봐야 한다. 하지만 가장 중요한 일은 남편이 일하면서 힘들었던 이야기나 어렵게 털어놓은 고민을 끝까지 들어주는 것이다.'

다시 말해, 씩씩거리며 집으로 돌아온 남편에게 가장 필요한 것은 마음껏 감정을 발산하고 이야기를 들어줄 상대다.

웃으며 일방적으로 남편의 이야기만 들어주는 건 불공평하다며 항의하는 여자들의 목소리가 여기까지 들리는 것 같다. 아내들은 이렇게 외친다.

"우리도 고민과 스트레스가 차고 넘쳐요. 남자들은 우리가 하는 말에 콧방귀도 안 뀌잖아요!"

하지만 남편의 말을 끝까지 들어준다면 남편도 아내의 말에 귀를 기울이게 돼 있다. 단순한 비결이지만 이것을 아는 여자는 많지 않다.

로빈은 아이처럼 흥분해서 집으로 뛰어와 숨을 헐떡거리며 아내에게 말했다.

"벨라, 오늘은 내게 아주 의미 있는 하루였어. 사장님이 참석하는 회의에 들어갔는데 내가 발표를 하게 된 거야. 다들 내 의견을 듣더니……."

벨라는 느긋하게 텔레비전을 보며 말했다.

"잘됐네. 그런데 오늘 세탁기 수리 센터에 전화하는 거 잊지 않았지? 어서 저녁 먹고 처리해줘."

로빈이 대답했다.

"걱정하지 마! 그런데 방금 내가 한 말 들은 거야? 오늘 사장님이 내 의견을 물어볼 때 실수할까 봐 긴장했는데 다행히 잘 넘겼지 뭐야. 앞으로 일이 잘 풀릴 것 같아. 오늘도 이렇게 주목을 받고⋯⋯."

"그래, 알았어."

벨라는 여전히 무관심한 태도로 대꾸했다.

"아, 맞다. 여보, 오늘 잭 공부 좀 봐줘. 성적이 엉망이야. 하지만 선생님은 아이가 노력하면 좋아질 수 있다고 했거든."

조금 전까지 의기양양했던 로빈은 아내와의 발언권 경쟁에서 자신이 밀렸다는 생각이 들었다. 기분이 상한 로빈은 어깨를 축 늘어뜨리고 식탁에 앉아 저녁을 먹었다. 그는 밥을 넘기며 자신을 기다리고 있는 일들을 떠올렸다.

로빈은 자기 얘기만 하는 이기적인 남자일까? 그래서 아내는 자기 얘기를 들어주길 바라는 로빈의 마음을 이해할 수 없었던 걸까? 물론 벨라도 말할 권리가 있다. 하지만 적절한 시기에 말했으면, 로빈도 그녀의 말에 더 귀를 기울였을 것이다. 로빈이 집에 도착했을 때 한껏 들뜬 얼굴로 이야기한 것은 그에게 아주 중요한 의미였기 때문이다. 벨라가 그의 이야기를 잘 들어주고 함께 기뻐했다면, 로빈도 아내가 부탁한 일을 기분 좋게 들어줬을 것이다.

이기적인 남자를 다루는 가장 쉬운 방법은 그의 얘기에

귀를 기울여주는 것이다. 남자는 아름다운 여신 헬레네보다 자기 이야기를 잘 들어주는 여자에게 더 매력을 느낀다.

지나치게 집착하지 마라

프랑스의 작가 마르그리트 뒤라스는 소설 《연인》을 통해 수많은 소녀의 가슴을 설레게 했다.

어느 날, 공중 집회소의 홀에서 한 남자가 내게 다가왔을 때, 나는 이미 노인이었다. 그는 자기소개를 한 뒤 이렇게 말했다.

저는 오래전부터 당신을 알고 있었습니다. 모두 당신은 젊었을 때가 더 아름다웠다고 하더군요. 하지만 제 생각에는 지금의 당신 모습이 그때보다 더 아름다운 것 같습니다. 저는 지금 당신의 쭈그러진 얼굴이 젊었을 때의 당신보다 훨씬 더 사랑스럽다는 말

뒤라스의 소설이 출시되었을 때 이 문장은 삽시간에 전 세계로 퍼져나갔다. 여자들은 왜 이 문장에 감동했을까? 여자에게 사랑은 일생일대의 사업이기 때문이다.

사랑은 영원히 꺼지지 않는 불꽃과 같다.

세계적인 작가 밀란 쿤데라는 《불멸》에서 중년 여자에 관해 이야기했다. 그녀는 마음에 품은 젊은 남자를 보자마자 자기도 모르게 손을 흔들고 만다. 사랑 앞에서 자기 나이도 잊어버린 여자의 눈에서는 강한 생명력이 느껴졌다.

여자는 나이가 들어도 사랑을 원한다. 여자에게 사랑은 행복해지기 위해 꼭 필요한 감정이다.

엘리자베스 테일러는 할리우드의 전설적인 여배우로 평생 사랑을 좇으며 살았다. 그녀는 총 여덟 번의 결혼식을 치른 것으로도 유명하다.

테일러는 열여덟 살 때 콘래드 힐튼 2세와 첫 번째 결혼식을 올렸다. 하지만 평생 테일러만 사랑하겠다던 힐튼은 시간이 지날수록 야생마처럼 밖으로만 나돌며 가정에 소홀했다. 그는 나비처럼 화려한 꽃들을 구경하느라 정신을 차리지 못했다. 그런 모습을 지켜보고만 있을 테일러가 아니었다. 남편의 마음이 이미 떠났음을 알게 된 테일러는 과감히 첫 번째 결혼생활을 끝냈다.

2년 뒤, 영화를 찍던 테일러는 잘생긴 배우의 구애를 받았다. 연애를 시작한 두 사람은 이내 한시도 떨어지기 싫은 관계로 발전하여 결혼까지 하게 됐다. 테일러는 남편을 내조하며 두 명의 아이를 낳았다. 하지만 시간이 지날수록 부부간의 사랑 감정은 무뎌지고 의무와 책임감만 남았다. 테일러는 남편의 뜨거운 눈빛과 달콤한 말을 원했지만 남편은 그녀를 피하기 바빴다. 결국 서로에게 지친 두 사람은 헤어지는 길을 택했다.

테일러는 세 번째 결혼생활에서 안정과 행복을 찾았다. 유능한 영화 제작자인 세 번째 남편은 그녀를 진심으로 이해하고 사랑했다. 테일러는 이 사람과 영원히 함께할 수 있을 거라고 생각했다. 하지만 불행히도 비행기 사고로 남편을 잃고 만다. 슬픔에 빠진 그녀는 자살을 시도했다. 나중에 깊은 우울에서 빠져나온 그녀는 다시는 예전으로 돌아갈 수 없음을 깨달았다. 그녀를 구원해준 것은 또 다른 사랑이었다.

테일러는 네 번째 결혼생활을 위해 종교까지 바꾸며 남은 열정을 모두 불태웠다. 하지만 부부의 관계는 오래가지 못했다. 다섯 번째는 결혼생활의 위기를 몇 차례나 극복하며 잘 살아보려고 노력했지만 결국 이혼하고 각자의 길을 갔다. 그 외에도 여섯 번째, 일곱 번째, 여덟 번째 결혼생활을 통해 테일러는 무수한 상처를 입었다. 테일러는 어쩌면 가장 사랑했으나 비행기 사고로 목숨을 잃은 세 번째 남편을 잊지 못해 끊임없이 새로운 사랑을 찾아다녔는지도 모른다. 그녀에게 사랑은 인생의 전부였고, 사랑 없는 삶은 한순간도 의미가 없었다.

할리우드 최고의 여배우로서 테일러는 큰 사랑과 명성을 얻었다. 비록 결혼생활이 순탄치 못했으며 말년에 건강 악화로 휠체어 신세를 지기도 했지만, 사람들은 언제나 사랑을 위해 열정을 쏟는 그녀를 좋아했다.

물론 할리우드 배우 엘리자베스 테일러처럼 파란만장한 인생을 사는 여자는 많지 않다. 평범한 여자들은 사랑하는 사람과의 안정적인 결혼생활을 꿈꾼다. 행복한 결혼생활을 위해서는 사랑의 불꽃이 꺼지거나 밖으로 옮겨붙지 않도록 서로 노력해야 한다. 지혜로운 여자는 사랑의 불꽃을 꺼뜨리지 않으며 세월이 지날수록 더 활활 타오르게 만든다.

사랑은 상상력에서 시작되며, 진정한 사랑은 두 사람의 마르지 않는 상상력으로 유지된다. 사랑은 상대에게 아낌없이 베푸는 것이다. 어떤 상처를 받더라도 용감히 앞으로 나아가는 것이야말로 순수하고 진실한 사랑이다.

그러니 한 번도 상처받지 않은 것처럼 사랑하고 어떤 장애물 앞에서도 두려워하거나 물러나서는 안 된다. 지혜로운 여자는 결혼한 지 몇 년이 흘러도 처음 만난 사람처럼 상대를 사랑하고 아낄 줄 안다.

사랑한다면 보리밭을 지키는 파수꾼이 되어라

성공한 남자 주변에는 언제나 그를 유혹하는 여자들이 들끓는다. 하지만 유혹에 성공한 여자보다는 실패의 쓴맛을 본 여자가 훨씬 많다. 이때 중요한 것은 화려한 외모가 아니라 진정한 사랑이다.

뉴욕에서 대형 부품 회사를 운영하는 로버트 테드는 말했다.

"여자들은 남자가 단순한 동물이라고 생각해요. 특히 돈 많은 남자는 미녀만 보면 침을 질질 흘릴 거라고 착각하죠. 그래서 화려하게 치장을 하고 부잣집 사모님이 되려고 안간

힘을 씁니다. 하지만 행복한 가정을 꿈꾸는 남자는 절대 그런 여자를 좋아하지 않아요. 단순히 즐기려는 목적이 아니면요. 솔직히 외모만 믿고 남자를 유혹하는 여자들은 결국 다 실패하더라고요."

테드는 불순한 목적을 가진 여자들을 많이 만났다고 말했다. 한번은 클럽에서 화려한 외모를 가진 여자를 알게 됐는데 성격이 털털해 보여 잠깐 사귄 적이 있었다고 했다. 테드는 여자에게 원하는 게 있으면 말해보라고 했다. 그랬더니 여자는 이렇게 말했다.

"당신이 더 부자가 됐으면 좋겠어요."

여자의 대답에 실망한 테드는 그것 말고 더 바라는 건 없냐고 물었다. 여자는 곰곰이 생각하더니 말했다.

"지금보다 돈을 더 많이 벌었으면 좋겠어요."

테드는 그날 이후 그 여자와의 관계를 정리했다. 그는 여자가 자신을 돈 버는 기계가 아니라 행복과 사랑을 나눌 상대로 봐주길 원했다.

상대방의 재산 외에 어떤 것에도 관심이 없는 여자를 누가 좋아할 수 있을까? 그것은 평범한 남자든 성공한 부자든 모두 마찬가지다.

사람은 누구나 장점을 가지고 태어난다. 그러니 겉모습을 꾸미는 데만 집착하지 말고 자기만의 매력을 보여줘라. 그런다면 상대방의 사랑도 손에 넣을 수 있을 것이다.

말이 많고 입이 싼 여자, 허영심이 많은 여자는 진정한 사랑을 얻기 어렵다. 지혜로운 여자는 남들과 다른 매력을 발산하며 진심으로 상대방을 대한다. 그들의 특별한 매력과 사랑은 돈으로 환산할 수 없을 만큼 큰 가치를 가진다.

남자의 경계심을 무너뜨리기 위해서는 우선 물질에 대한 욕심을 내려놓고 진심으로 다가가야 한다.

듀칼은 유타주에서 가장 큰 자동차 부품 회사를 운영하던 중 사업에 위기를 맞았다. 회사 사정이 안 좋아지자 거래처들은 모두 등을 돌렸고, 수주를 받지 못하니 상황은 파산하기 일보 직전까지 갔다.

직원들은 물론이고 동업자까지 듀칼의 곁을 떠났지만, 어느 정도 예상했던 터라 크게 놀라지는 않았다. 하지만 사랑했던 여자 친구마저 떠나자 그는 큰 충격에 휩싸였다. 슬픔에 빠진 듀칼은 괴로움을 견디지 못하고 매일 술에 취해 살았다. 오직 비서 엘리만이 묵묵히 그의 곁을 지켰다. 엘리는 듀칼에게 조용히 커피를 건네며 회사가 위기를 극복할 때까지 열심히 돕겠다고 말했다.

엘리는 회사 업무 외에도 듀칼이 업무에 집중할 수 있도록 자질구레할 일들을 알아서 처리했다. 다행히 두 사람의 노력으로 회사는 예전의 모습을 회복했다. 듀칼은 자신을 물심양면으로 도운 엘리에게 청혼하려고 했다. 그런데 뜻밖에도 전 여자 친구가 나타났다. 그녀는 용서해달라고 울면서 다시 자신을 받아달라 애원했다. 듀칼은 잠시 갈등했지만 천사 같은 전 여자 친구의 얼굴에 넘어가고 말았다.

듀칼에게 실망한 엘리는 회사와 그의 삶 밖으로 완전히 자취를 감췄다. 하지만 듀칼은 엘리가 떠난 지 얼마 되지 않아 자신이 그녀를 깊이 사랑하고 있음을 깨달았다. 그녀가 눈에 보이지 않자 듀칼은 심장을 바늘로 끊임없이 찔리는 듯한 통증을 느꼈다. 그는 엘리 없이는 일에 집중할 수도 없었고 일상생활조차 순조롭지 않았다.

"저는 이미 엘리를 깊이 사랑하고 있어요. 그녀는 상대방을 배려하는 지혜로운 여자예요. 제가 힘들 때 유일하게 고통을 함께 견뎌준 사람이죠. 그녀와 한시도 떨어지고 싶지 않아요. 제가 결혼하고 싶은 여자는 그녀뿐이에요."

힘들 때 상대방과 함께 고생할 준비가 되어 있는가? 가진 것이 하나도 없어도 상대방을 사랑할 수 있는가? 이 질문에 '예'라고 대답한 사람만이 행복을 거머쥘 수 있다.

세상에 어떤 남자도 돈의 노예가 된 여자를 사랑하지 않는다. 상대방을 진심으로 배려하고 사랑하는 여자만이 진정한 행복을 누릴 수 있다.

사랑한다면 보리밭을 지키는 파수꾼이 되어라 📷

♡ ○ ◁   👤

♥

힘들 때 상대방과 함께 고생할 준비가 되어 있는가?

느슨함을 적당히 유지하라

남자는 신비한 분위기를 풍기는 여자에게 강한 호기심을 느낀다. 현명한 여자는 신비함을 유지하여 남자가 계속 호기심을 느끼도록 한다.

남자는 어머니처럼 잔소리하는 여자나 딸처럼 애교를 부리며 사랑을 갈구하는 여자를 좋아하지 않는다. 하지만 다가올 듯 말 듯 망설이는 베일에 가려진 여자에게는 강렬한 호감을 느끼며 그녀의 사랑을 쟁취하고 싶어 한다.

결혼한 여자들은 하나같이 이렇게 말한다.

"연애할 때는 낭만적인 남자인 줄 알았어요. 달콤한 말로 저를 행복하게 해주겠다고 호언장담했죠. 그런데 결혼하고 나니 완전히 달라졌어요. 날마다 일밖에 모르고 친구들이랑 어울려 다니느라 저는 쳐다보지도 않아요."

결혼한 남자들이 아내에 대한 관심이 줄어드는 이유는 무엇일까? 그것은 아내에게 집중되었던 호기심이 서서히 다른 곳으로 옮겨갔기 때문이다. 남자는 여자보다 시야가 넓고 좀 더 다양한 방식으로 행복감 혹은 만족감을 느낀다. 그들은 일과 사회생활을 통해 성취감을 얻고, 친구들과 어울리며 충분한 기쁨을 느낀다.

아내가 남편의 호기심을 다시 불러일으키기 위해서는 어떻게 해야 할까? 지혜로운 여자는 결혼해서도 신비감을 계속 유지한다. 그들은 남편에게 자신의 행적을 일일이 알리지 않는다. 그러면 호기심이 발동한 남편은 자연스레 아내에게 관심을 갖는다.

한 여자는 이렇게 말했다.

"남편을 로맨틱한 남자로 만드는 일은 간단해요. 평소와 다른 모습을 보여주는 거예요. 친구들과 영화를 보고 술을 좀 마시고 들어가보세요. 남편에게 신비감을 불러일으키는 거죠. 남편은 그런 모습이 마음에 들지 않는다고 하면서도 아내에 대해 관심을 갖는답니다. 저는 그럴 때 남편의 사랑을 느껴요."

지혜로운 여자는 결혼해서도 신선한 모습을 계속 보여줌으로써 남편의 호기심을 유발한다. 남편은 아내의 몰랐던 모습을 발견할 때 본능적으로 호감을 느낀다.

의존성이 높은 여자들은 남편의 관심을 받을 때 존재감을 느끼며, 심한 경우 남편에게 강한 집착을 보이기도 한다.

프랑스 황제 나폴레옹 3세는 에스파냐 귀족 출신 미녀 외제니 드 몽티조와 사랑에 빠져 그녀를 황후로 맞이했다. 대신들은 외제니가 에스파냐의 몰락한 귀족 출신이라는 이유로 그녀를 받아들일 수 없다고 주장했지만 나폴레옹은 전혀 귀담아듣지 않았다. 외제니의 젊음과 아름다움에 매혹된 나폴레옹은 아무것도 눈에 보이지 않았다. 그는 외제니를 황후로 받아들이며 대신들에게 말했다.

"나는 사랑하는 여자를 만났다. 내 생에 다른 여자는 없을 것이다."

나폴레옹과 외제니는 부와 권력, 건강, 명성, 사랑 등 행복한 결혼생활을 위한 모든 조건을 갖추었으며, 신성한 사랑의 불꽃은 영원히 꺼지지 않을 것 같았다. 하지만 사랑의 불꽃은 서서히 사그라졌고 둘 사이에는 아주 희미한 불꽃밖에 남지 않았다. 외제니 황후가 나폴레옹의 권력과 권위를 통제하려고 했기 때문이다.

질투와 의심에 사로잡힌 외제니는 종종 나폴레옹의 명령을 따르지 않았고, 심지어 같은 침대에서 자는 것도 거부하기에 이르렀다. 또한 나폴레옹이 대신들과 국정을 의논하는 회의에 함부로 들어가 방해하거나, 그가 다른 여자와 함께 있지 못하게 늘 감시했다. 외제니는 언니를 불러 끊임없이 나폴레옹을 비난했으며, 툭하면 그를 찾아가 욕을 퍼부었다. 나폴레옹은 화려한 궁전에 살았지만 편안히 쉴 공간이 전혀 없었다. 외제니에 대한 나폴레옹의 사랑은 그녀의 지나친 집착과 불안정한 모습에 급격히 식어갔다.

지혜로운 아내는 자신의 감정을 조절할 줄 알며, 남편에게 늘 신비로운 모습을 유지하려고 노력한다.

결혼생활은 등산과 같다. 처음에는 강한 호기심으로 출발하지만 정상에 오를 때까지 지루해지지 않으려면 다양한 길과 새로운 풍경이 필요하다. 사랑하는 남자를 만나 꿈에 그리던 결혼을 한 여자들 중에는 직장을 그만두고 가정주부로 만족하며 살아가는 경우가 많다. 하지만 대다수는 시간이 흐를수록 절망감에 빠져든다. 경제적인 주도권을 남편이 쥐게 되면서 정신적인 주도권마저 잃어가기 때문이다. 남편의 손에 자신의 행복과 가치가 결정되는 상황에서 아내의 남편에 대한 의존성은 결혼 전보다 훨씬 증가한다. 그런 아내를 보며 남자들은 말한다.

"결혼 후 아내가 완전히 달라졌어요. 결혼 전에는 독립적인 여자였는데 지금은 뭐든지 제게 의존하고 있죠."

결혼과 동시에 독립성을 잃어버린 아내에 대한 사랑은 그렇게 식어간다.

로사는 천부적인 재능과 야심을 가진 상업 화가다. 집과 일터 모두 번화가에 있었고 매일 많은 남자를 만났지만 그녀는 이성에게 관심이 없었다. 그런 그녀의 마음을 사로잡은 남자가 바로 그렉이다. 부동산업에 종사하던 그렉은 로사와 썩 어울려 보이지는 않았지만, 그녀에 대한 사랑만큼은 누구보다 깊었다. 로사는 그렉과 교제한 지 6개월쯤 뒤에 그가 사는 목장으로 이사를 하였는데, 순간 온몸이 편안해지는 기분이 들었다. 그녀는 그동안 자신이 앞만 보며 바쁘게 살아왔음을 깨달았다.

시내에서 멀리 떨어진 목장에서 살게 된 로사는 생활비가 반으로 줄자 수입에 크게 연연하지 않게 되었고, 업무 시간도 점차 줄였다. 그녀는 청소하고 하루 세끼를 준비하며 시간을 보냈다. 집 앞에 있는 꽃밭에서 책을 읽거나 산책을 즐기며 서서히 그런 생활에 익숙해졌다. 하지만 로사가 더 이상 그림을 그리지 않고 목장에서의 삶에 적응해갈수록 그녀에 대한 그렉의 사랑은 식어갔다. 나중에 그렉은 그녀에게 속았다는 느낌마저 들었다.

여자들이 결혼에 대한 환상을 품는 것처럼 남자들에게도 결혼생활에 대한 환상이 있다. 결혼 후에 경제적인 부담을 내려놓고 남편에게 의존하려는 여자에게 남자들은 질투심과 증오심을 동시에 느낀다.

여자가 사랑과 결혼에 자신의 모든 것을 거는 순간, 결혼생활은 전복될 위기에 처한다. 여자의 의존성이 심해질수록 남자는 도망치고 싶어진다.

데비는 평범한 여자였지만 이성과 오래 교제하지 못했고, 늘 사랑에 목말라 했다. 하지만 그녀가 사랑에 집착할수록 남자들도 그녀에게 다가오지 않았다. 조건이 좋아 보이는데도 남자를 만나지 못하는 여자는 못생겼거나 매력이 없어서가 아니다. 남자들이 달아나는 이유는 사랑에 대한 집착과 강한 의존성 때문이다.

아무리 강해 보이는 여자라도 연약한 모습과 열등감을 가지고 있다. 그들은 스스로 사랑받을 가치가 없으며, 충분한 매력을 가지지 못했다고 생각한다. 자신을 사랑하지 않는 사람은 다른 사람의 사랑도 받지 못한다. 사랑에 대한 집착을 버리고 자신감을 가져야 비로소 진정한 사랑을 시작할 수 있다.

알바는 나에게 고민을 털어놓았다.

"남편을 사랑해서 결혼했어요. 결혼한 지 칠팔 년 때까지는 정말 사이도 좋았죠. 그런데 계속 마음에 걸리는 게 있었어요."

거기까지 들은 나는 알바에게 껄끄러운 일이 있다는 걸 눈치챘다. 꼬치꼬치 캐묻고 나서야 알바는 입을 열었다.

"남편은 춤추는 걸 좋아했는데 저는 그러지 않았어요. 그를 믿었지만 그래도 춤을 추다가 다른 여자랑 무슨 일이라도 생길까 봐 노심초사했거든요."

나는 물었다.

느슨함을 적당히 유지해라

행복한 결혼생활을 원한다면 남편에게 의존하려는 태도를 버려야 한다.

"연애할 때도 남편이 춤을 좋아한다는 사실을 알지 않았나요? 그때는 왜 반대하지 않았죠?"

알바는 솔직하게 대답했다.

"그때는 결혼하기 전이잖아요. 제가 이래라저래라 할 이유가 없었죠."

알바의 말대로라면, 결혼 전에는 그녀도 남편을 독립적인 개체로 인정하고 그의 취미를 존중했지만 결혼하자마자 정반대의 태도를 보인 것이다. 하지만 그것이 바로 알바를 괴롭히는 원인이 되었다.

나는 그녀에게 차분히 말했다.

"남편을 사랑한다면 그의 의사를 존중하고 그가 정말 좋아하는 일을 할 수 있게 해주세요. 남편의 의견을 계속 무시한다면 우려했던 일이 정말 생길지도 몰라요. 상황은 점점 나빠질 뿐이에요."

의존성이 강한 여자는 자신의 행복과 가치를 남편을 통해 얻으려 하기 때문에 불행해진다. 행복한 결혼생활을 원한다면 남편에게 의존하려는 태도를 버려야 한다. 남편을 자신의 인생을 책임져줄 대상이 아닌, 사랑하는 남자로 바라볼 때 진정 행복해질 수 있다.

미래의 행복보다 현재의 사랑에 집중하라

결혼을 생계유지의 수단으로 생각하는 여자는 결코 행복한 결혼생활을 할 수 없다. 남자는 의존성이 강한 여자보다 독립적이고 자기 일을 가진 여자를 원한다.

결혼은 여자의 인생을 책임져줄 보험이 아니다. 사랑이든 결혼이든 상대방과 어떤 관계에 놓이는지가 가장 중요하다. 한 사람이 다른 사람을 일방적으로 책임지거나 돕는 관계, 한 사람이 다른 사람에게 일방적으로 의존하거나 통제당하는 관계는 좋지 않다. 서로 협력하며 같이 성장하는 관계, 인생의 모진 풍파를 같이 극복하는 관계가 이상적이다.

독립성이 떨어지는 여자일수록 결혼에 대한 환상이 크다. 그들은 예쁜 외모만 있으면 평생 편하게 먹고살 거라 생각하지만 현실은 그렇지 않다. 이성적인 남자는 외모로 상대방의 가치를 평가하지 않는다.

어느 날, 뉴욕에 사는 한 여자가 신문에 결혼할 사람을 구한다는 공고를 냈다.

'25세 여자, 매우 예쁨환상적으로 예뻐요. 외향적이고 우아한 성격. 연봉 50만 달러 이상의 남자를 찾습니다. 직설적으로 말해서 놀랐나요? 하지만 뉴욕 중산층의 평균 연봉이 100만 달러 이상이라는 사실을 감안하면, 지나친 요구는 아니라고 생각합니다. 저는 진지하게 결혼할 상대를 찾고 있으니 모욕적인 말은 삼가주세요. 준수한 외모에 문화 수준이 높고 부양 능력을 갖춘 분을 원합니다.'

여자가 낸 공고를 보고 월가 금융 회사에 다니는 한 남자가 장문의 답장을 보냈다.

'당신이 낸 공고를 보니 도저히 이해할 수 없어서 몇 자 적습니다. 공고에 따르면 당신은 결혼하려는 게 아니라 거래를 원하는 것 같습니다. 미모를 돈으로 환산하는 게 가능하다면 그럴 수 있겠죠. 하지만 당신의 미모는 곧 사라질 재산이고 제 돈은 사라지지 않는 재산이라는 데 문제가 있습니다. 시간이 지날수록 제 연봉은 올라가겠지만 당신의 미모는 그렇지 않으니까요. 경제학적인 관점에서 봐도 재산은 점점 증가하지만 당신의 재산은 평가절하될 게 뻔합니다. 당신은 올해 25세이니 앞으로 5년 정도는 미모를 유지하겠죠. 하지만 그 뒤로는 노화가 진행될 것이고 35세가 되면 당신이 가진 재산의 가치를 완전히 상실할 것입니다.

월가에서는 이런 걸 가지고 있을 필요가 없는 주식에 비유하죠. 그런데 당신은 결혼을 원하고 있으니 남자 입장에서는 수지가 안 맞을 수밖에 없습니다. 차라리 당신을 팔지 말고 빌려주는 건 어떤가요? 제 말에 기분 나빠 할까 봐 자세히 설명해드리겠습니다.

제게 돈이 없으면 당신이 저를 거부하겠죠? 같은 맥락입니다. 이는 당신의 미모가 사라지면 저도 당신을 거부하겠다는 말입니다. 그러니 이 거래에서 가장 합리적인 방법은 결혼이 아니라 데이트라는 결론이 납니다. 또 하나 지적하고 싶은 점은 당신처럼 외향적이고 우아한 성격의 매우 예쁜 여자가 왜 아직도 원하는 남자를 찾지 못했나 하는 겁니다. 당신이 정말로 공고에 쓴 것처럼 괜찮은 여자라면 왜 연봉 50만 달러 남자가 당신을 가만히 뒀는지 이해가 안 되네요.

부디 제 말이 당신에게 도움이 되기 바라며, 저와의 데이트를 원한다면 연락하기 바랍니다.'

한 여류작가가 말했다.

"성공한 남자, 특히 중년의 성공한 남자들은 이미 자기만의 삶을 가지고 있다. 그의 삶에 들어가고 싶다면 자신의 삶을 포기해야 한다. 그의 여자 친구나 아내가 되고 싶다면 그의 전처가 낳은 아이까지 성심껏 돌봐야 한다. 하지만 꽃 같은 미모가 사라지면 그런 삶조차 누리지 못할 것이다. 설령 또 다른 사랑을 만난다 해도 불가능하다."

타인의 재산을 계산하는 것은 스스로 타인의 '사유재산'이 될 준비를 하는 것과 같다. 하지만 그래서는 결코 행복해질 수 없다. 부유한 가정에서 키워진 카나리아가 평생 답답하고 무료한 삶을 사는 것처럼 부잣집의 '부속품'으로 전락한 여자의 삶도 똑같다. 그런 여자는 남자의 삶에 들어가기 위해 자신의 영혼과 사고방식, 자유까지 포기한다. 화려한 옷으로 텅 빈 마음을 가리고 값비싼 물건으로 공허함을 채

우려 하지만 영원히 사랑받지 못하고 있다는 생각에 갇혀 괴로워한다.

넓고 큰 집을 원하는가? 화려하고 값비싼 옷을 몇 벌이나 가져야 만족하겠는가? 생각을 바꿔 남에게 의존하지 말고 자신의 힘으로 하나씩 채워나가는 건 어떨까?

남자의 사랑 없이는 절대 살 수 없다고 생각하는가? 혼자 만의 시간을 갖고 내면의 목소리에 귀를 기울여보자. 자신 을 사랑하고 믿을 수 있다면 자신과의 대화를 통해 인생의 새로운 길을 발견할 것이다.

미국의 작가 앤 모로 린드버그는 《바다의 선물》에서 이렇 게 기술했다.

'자신과의 대화가 가능한 사람만이 외부와 소통할 수 있 다. 나는 혼자 있을 때 비로소 나만의 정신세계로 들어갈 수 있다.'

타인에게 부담을 떠넘기거나 무료한 삶을 사는 것보다 스 스로 내면을 들여다보고 마음의 등불로 앞길을 비추는 것이 낫다. 진정한 평등은 자신에 대한 사랑과 독립심에서 비롯 된다.

사람은 저마다 자기만의 아름다움을 간직한 장미와 같다.

하지만 아무리 화려한 정원이라도 남을 위한 장식품이 되어서는 안 된다. 장미는 홀로 있을 때 비로소 선명한 색과 깊은 향기를 발산하며, 진정한 매력으로 시선을 사로잡는다.

지혜로운 여자는 상대에게 진정한 관심과 사랑을 베풀며, 상대를 존중하고 인정할 줄 안다. 또한 상대방이 가진 고유의 매력을 찾아 끄집어낸다.

호프만은 평범한 교사다. 그는 열심히 일하지만 열등감이 심해서 항상 남들보다 부족하다는 생각에 빠져 살았다. 자신을 좋아한다는 여자들의 말조차 믿지 못했던 그는 늘 혼자 지냈다. 그는 말했다.

"쥐꼬리만 한 봉급을 받는 교사 주제에 어떻게 여자를 만나요?"

하지만 남들 눈에 비친 호프만은 훤칠한 키에 준수한 외모를 가진 매력적인 남자였다.

소피는 지인의 소개로 호프만을 알게 되었는데 그의 눈빛에서 뜨거운 열정을 알아봤다. 하지만 동시에 불안하게 흔들리는 그의 마음도 느꼈다. 호프만에게 호감을 느낀 소피가 물었다.

"무슨 일을 하세요?"

호프만은 쑥스러워하며 대답했다.

"쥐꼬리만 한 봉급을 받고 사는 평범한 교사예요."

소피는 눈빛을 반짝이며 말했다.

"정말요? 저는 교사를 존경해요. 세상에서 가장 신성한 직업이잖아요."

놀란 호프만은 소피의 눈을 바라보며 질문을 퍼부었다.

"정말 그렇게 생각하세요? 농담하는 거 아니죠? 교사는 비전도 없고 수입도 변변치 않잖아요?"

소피가 웃으며 대답했다.

"저는 그렇게 생각하지 않아요. 돈으로 한 사람의 가치를 평가할 수는 없죠. 당신의 재능은 충분히 가치가 있어요."

그녀의 말에 감격한 호프만이 말했다.

"그렇게 말해주셔서 정말 감사해요. 앞으로는 제 일에 자부심을 느낄 수 있을 것 같아요. 혹시 실례가 안 된다면 저랑 만나보시겠어요?"

소피는 크게 고개를 끄덕였고 호프만은 좋아서 어쩔 줄 몰라 했다. 호프만은 몰랐지만 소피는 예전부터 그에게 관심이 있었다.

"사실 오래전부터 그를 몰래 좋아했어요. 그가 지나친 열등감에 빠져 여자를 만나지 못한다는 사실을 알았죠. 저는 저만의 방법으로 그의 마음을 열고 싶었어요. 결국 그는 제 남편이 되었고, 저는 진심으로 그를 사랑해요. 이제 그는 열등감을 극복하고 완전히 다른 사람이 되었어요. 그리고 저를 끔찍이 아껴준답니다."

심리학자 파넬은 논문에서 이렇게 기술했다.

'남자는 자신을 존경하는 여자에게 강렬한 사랑을 느낀다. 자신을 우러러보는 여자를 통해 자신감과 만족감을 느끼기 때문이다. 그들은 자신을 사랑한다면 존경하는 마음을 가져야 한다고 생각한다. 그래야 스스로 여자들이 꿈꾸는 영웅이 되어 함께 살 수 있다고 여긴다.'

물론 파넬의 주장에 동의하지 않는 여자도 많다. 한 여학생은 이렇게 말했다.

"왜 여자가 남자를 존경해야 하죠? 정말 그래야 하는 건가요? 너무 황당해요!"

행복한 결혼생활은 아주 작은 것들로 결정된다. 중요한 것은 이심전심이다.

결혼한 지 30여 년 된 부부가 있다. 그들은 신혼 때처럼 여전히 사랑을 불태우고 있다. 그 비결이 무엇일까.

"남편은 영원한 내 영웅입니다. 영웅이랑 싸우는 사람은 없죠."

부인은 남편을 영웅처럼 숭배하는 마음을 품고 있었다.

"다른 사람들 눈에는 평범한 농부처럼 보이겠지만 제게는 특별한 사람입니다. 남편은 용감하고 이성적이며 강인한 사람이죠. 마음먹으면 못할 일이 없어요. 게다가 저를 끔찍이 사랑해주죠. 이러니 제게는 멋진 영웅일 수밖에요. 생각해보세요. 이렇게 우러러보는 아내인데, 어떻게 평생 사랑하지 않을 수 있겠어요."

맞는 말이다. 이처럼 남자의 마음을 여는 법은 아주 간단하다. 단, 진심이 아니고선 소용이 없다는 사실을 잊지 말자. 거짓된 마음으로 존경하는 척한다면 남자는 큰 상처를 입고 괴로워할 것이다. 남자는 자신의 장점을 발견하고 진심으로 존경해주는 여자에게 영원한 사랑과 더불어 역시나 존경으로 보답한다.

벤저민 디즈레일리는 말했다.

"이제까지 수많은 실수를 저질렀지만, 사랑 때문에 결혼하는 실수는 저지르지 않았다."

사랑하지 않는 사람과 결혼했다는 그의 말은 충분히 놀랄 만하다. 하지만 그것이 바로 원만한 결혼생활을 유지하는 비결이다.

스스로 결혼의 포로가 되어 줄에 꽁꽁 묶인 채 끌려다니는 여자가 많다. 궁지에 몰린 짐승처럼 잡히지 않기 위해 애를 쓰는 남편도 적지 않다.

디즈레일리는 사랑해서 한 결혼이 아니기 때문에 오히려 행복한 결혼생활을 할 수 있었다.

서른다섯 살의 디즈레일리는 그보다 열다섯 살이나 연상인 부잣집 미망인 메리 앤에게 청혼했다. 메리 앤은 그가 자신의 돈 때문에 결혼을 원한다는 사실을 알았다. 청혼을 받은 그녀는 1년간 그를 지켜본 뒤에야 결혼식을 올렸다. 사람들은 사랑하지 않는 상대와 결혼한 두 사람이 누구보다 행복하게 지내는 모습을 보고 깜짝 놀랐다.

메리 앤은 그저 평범한 중년 여자였다. 그녀는 역사 지식에 취약해서 종종 사람들의 비웃음을 샀으며 독특한 옷차림으로 입방아에 오르는 일도 많았다. 그 외에도 인테리어나 집안 살림에 대해서도 아는 게 거의 없었다. 하지만 결혼생활만큼은 누구보다 능숙하고 완벽하게 해냈다.

메리 엔은 온종일 일하고 기진맥진한 상태로 집으로 돌아온 디즈레일리가 편하게 쉴 수 있도록 배려했다. 따라서 디즈레일리는 아내와 함께 있는 시간을 언제나 즐거워했다. 그녀는 현명한 조력자이자 진정한 소울메이트로서 디즈레일리의 고민을 잘 들어주었다. 그리고 그가 무슨 일을 하든 항상 믿고 응원했다. 그녀는 30여 년간의 결혼생활 내내 남편에게 안락한 휴식처를 제공해주기 위해 노력했다.

디즈레일리는 빅토리아 여왕에게 메리 앤을 귀족으로 발탁해주길 청원했고, 그의 노력으로 1868년 그녀는 결국 자작 부인으로 봉해졌다. 디즈레일리는 그녀가 죽고 나서야 백작으로 봉해졌다.

메리 앤이 덜렁대고 서툰 모습을 보여도 디즈레일리는 한 번도 아내를 비난한 적이 없었다. 또한 그녀를 조롱하는 사람에게는 강하게 항의하며 아내를 변호했다. 메리 앤은 비록 아름다운 외모를 갖지는 못했지만 디즈레일리를 즐겁게 만드는 재주가 있었다. 덕분에 두 사람은 30여 년간의 결혼생활 동안 권태기를 느껴본 적이 없었다. 디즈레일리는 메리 앤을 인생에서 가장 중요한 사람이라고 생각했고, 메리 앤은 행복한 결혼생활에 늘 감사했다.

어느 날 그가 웃으며 물었다.

"내가 정말 돈 때문에 당신이랑 결혼한 것 같아요?"

메리 앤이 대답했다.

"만약에 다시 청혼한다면 그때는 사랑하기 때문이겠죠?"

결혼생활에 균열이 가기 시작했다고 해서 상대방을 공격해서는 안 된다. 그 사람이 한때 가장 사랑했던 사람이라는 사실을 떠올려보라. 조용히 마음을 가라앉히고 상대방 입장에서 나는 과연 좋은 배우자였는지 생각해보자.

성공적인 결혼생활을 하려면 나에게 어울리는 상대를 찾는 게 아니라, 스스로 상대에게 어울리는 사람이 되어야 한다. 이처럼 행복한 결혼생활을 유지하기 위해서는 상대 입장에서 먼저 생각하고 배려하는 자세가 필요하다.

유능한 파트너가 되어라

칼 마르크스의 부인 예니 마르크스는 말했다.

"나는 남편의 현모양처이자, 동지, 참모가 되려고 노력했으며 그를 믿고 존경했습니다. 그렇지 않으면 결혼은 평범한 계약에 불과합니다."

지혜로운 여자는 남편이 지쳤을 때 기댈 팔이 되어주고, 길을 잃었을 때 앞을 밝혀주는 빛이 되어준다. 지혜로운 여자는 부부관계를 합자 회사의 파트너로 여기고 남편을 적극 돕는다.

엘레나의 남편은 회사 대표였고, 그녀는 내조의 여왕이었다. 그녀는 남편의 부족한 부분을 잘 메워주었고 그 덕에 남편은 직원들에게 좋은 평가를 받았다. 크리스마스 전날, 엘레나는 사무실 근처에서 서성거리고 있는 직원 브랜치를 만났다. 뭔가 이상하다는 생각이 들어 무슨 일이냐고 묻자 브랜치가 쭈뼛거리면서 대답했다.

"크리스마스에 출근해야 해서 오늘 크리스마스 선물을 사러 가야 합니다. 어떤 선물을 살지 고민하고 있었어요."

엘레나는 남편이 너무 인정머리 없는 사장처럼 느껴졌다. 크리스마스에 회사에서 일하고 싶은 직원이 어디 있겠는가? 직원들 입장에서는 매일 늦게까지 남아서 일하는 사장에게 불평할 수도 없는 노릇이었다. 엘레나는 당장 남편을 찾아가 직원들 사정을 얘기하며 휴가를 주는 게 어떠냐고 물었다. 남편은 제시간에 정해진 업무를 모두 처리한다면 이틀간의 휴가를 주겠다고 약속했다. 소식을 들은 직원들은 사장이 제시한 시간보다 훨씬 더 빨리 일을 마치고 홀가분하게 휴가를 떠났다.

아내도 남편의 좋은 사업 파트너가 될 수 있다. 아내는 섬세한 감각으로 남편이 신경 쓰지 못하는 부분을 보완한다. 거듭 말하지만 결혼은 부부가 합자 회사를 운영하는 것과 같다. 아내는 남편을 격려하고 지혜를 발휘함으로써 회사를 발전시킬 수 있다.

아키는 지질연구원이다. 섬세하고 빈틈없이 일을 처리해야 하는 아키는 항상 피곤함에 절어 살았다. 하지만 늘 최고의 연구 성과를 올렸고 국제학술대회에서 5년 연속 수상하는 영예까지 얻었다. 동료들은 그에게 비결을 물었다. 그러자 아키는 웃으며 이렇게 답했다.

"아내의 헌신적인 지원과 배려가 없었다면 불가능한 일이었죠."

지질조사는 번거롭고 많은 시간이 필요한 일인데 아키의 아내는 언제나 그를 따라다니며 도왔다.

"어느 날은 눈이 펑펑 내리는 날씨에도 아내가 먼 지역까지 가서 자료를 수집해 왔더라고요."

아키는 아내가 자료를 수집해준 덕분에 시간과 노력을 절약할 수 있었고, 남들보다 더 빨리 좋은 성과를 냈다.

아내에게 남편은 존경하는 대상이다. 하지만 남편은 완벽한 사람이 아니기 때문에 빈틈도 있고 실수도 저지른다. 때로는 불안감을 이기지 못하고 유혹에 넘어가기도 하며, 때로는 위기를 극복하지 못하고 좌절하기도 한다. 벤저민 프랭클린은 말했다.

"사람은 원래 나약하고 겁이 많은 존재다. 위기가 찾아오면 좌절하거나 도망치기도 한다. 그것은 우리가 무능력해서가 아니라 자신의 능력을 사용할 줄 모르기 때문이다."

능력이 부족하다고 느낄 때 아내가 진심으로 격려하고 믿어주는 것이 중요하다. 믿음이 쌓이면 또다시 위기가 찾아와도 이겨낼 힘이 생긴다. 지혜로운 여자는 언제 남편을 위로하고 도움의 손길을 내밀지 정확히 안다. 또한 주변을 정리하고 남편에게 조용히 생각할 시간을 마련해준다.

부부가 함께 사업을 하면 공동의 관심사가 생기는 것은 물론이고 함께 행복을 지키고 만들어나가는 기쁨을 누릴 수 있다. 인간은 외로운 섬이 아니다. 결혼하고 아이를 낳았다고 해서 사회와 단절할 필요는 없다. 남편의 조력자가 되어 남편을 격려하고 돕는 것으로 사회생활을 이어갈 수도 있다. 특히 여자는 남자보다 부드럽고 유연하게 인간관계를 유지하기 때문에 남편 사업에도 큰 도움이 된다.

미국의 한 대기업 인사팀 팀장은 말했다.

"가끔은 제 일에 지나치게 빠져서 주변 사람들 감정에 신경 쓰지 못할 때가 있어요. 하지만 아내는 늘 잘해줘요. 아내는 아무리 바빠도 주변 사람들을 세심하게 배려하는 사람이거든요. 그래서 다들 제 아내를 좋아해요. 이웃 중에는 다른 나라에서 온 사람이 많아요. 아내는 그리스 사람이 운영하는 마트에 가면 그리스어로 말하고, 이탈리아 사람이 운영하는 과일가게에서는 이탈리아어로 대화하죠. 이런 아내 덕분에 저도 어디에서나 환영받는답니다.”

미국 신문광고협회 회장의 아내 한스는 인간관계에 아주 능숙했다.

“저는 대화를 할 때 자연스럽게 화제를 돌리는 기술을 잘 알고 있어요. 저녁 식사 도중에 화제가 떨어지는 것만큼 사람들을 난감하게 만드는 일도 없죠. 저는 그 순간을 귀신같이 알아채고 새로운 화제를 제시해요. 그러면 다들 안심하면서 즐겁게 식사를 해요.”

한스는 남편과 각종 모임에 참석했다. 남편이 연설을 마치면 사람들이 몰려와 악수를 청하거나 질문을 퍼부었다. 남편은 사람들에게 시달리는 바람에 급격히 피로를 느끼는데 그럴 때면 한스가 나타나 시선을 분산시켰다. 예를 들면, “차는 어디에 주차했죠?”, “다음 약속에 늦겠어요”라고 말하는 식이다.

한번은 남편이 시청에서 연설을 마치고 나오는데 군중에 둘러싸여 오도 가도 못 하는 상태가 되었다. 한스는 남편의 체력이 이미 한계에 달한 사실을 눈치챘다. 그녀는 군중을 헤치고 들어가 마치 모르는 사람인 것처럼 그에게 질문을 던졌다.

"회장님은 몇 시에 점심을 먹나요?"

그 말을 들은 사람들은 그제야 웃으며 자리를 비켜주었다.

바쁜 업무 때문에 인간관계에 소홀한 남자가 많은데, 아내가 그 빈틈을 채워줄 수 있다. 여자는 남자에게 없는 부드럽고 섬세한 감성으로 원만한 인간관계를 형성한다. 이처럼 아내가 자신의 능력을 발휘할 수 있다면 남편의 업무 효율은 크게 향상될 것이다.

유능한 파트너가 되어라

♡ ◯ ◁   👤

♥

결혼은 부부가 합자 회사를 운영하는 것과 같다

6

나만의
라이프스타일이
세상을 사로잡는다

인생은 아직 다듬지 않은 옥돌 같아서 끊임없이 갈고닦아야 아름다운 보석이 될 수 있다. 나태한 사람은 실패했을 때 핑계를 찾느라 바쁘지만, 성실한 사람은 미래를 꿈꾸며 새로운 계획을 세우고 끊임없이 나아간다.

오늘을 즐겨라

"나중에 시간 될 때 할게요!"

"내일까지는 꼭 끝내겠습니다."

많은 이가 이런 식의 말을 자주 한다. 하지만 그렇게 미루고 꾸물거리는 사이 기회는 멀어진다. 경쟁이 치열한 오늘날의 사회에서는 1분, 1초만 늦어도 소중한 기회를 남에게 빼앗길 수 있다.

역사적으로 최초의 전화기를 발명한 인물은 알렉산더 그레이엄 벨로 알려졌지만, 같은 시기에 엘리샤 그레이라는 사람도 전화기를 만들었다. 그레이는 벨보다 특허 신청을 두 시간 늦게 하는 바람에 역사적인 인물이 될 기회를 놓쳤다. 이 사례를 통해 알 수 있듯, 성공하기 위해서는 남들보다 먼저 행동해야 한다.

지금 이 순간에도 꿈은 있지만 행동으로 옮기지 못하는 사람이 많다. 하고 싶은 꿈이 있다면 당장 실행하라. 그렇지 않으면 영원히 이루지 못할 꿈으로 남을 것이다.

엘런은 기회가 찾아왔을 때 우물쭈물하지 않고 언제나 자신의 것으로 만들었다. 명문대에서 박사 과정을 밟고 있던 그녀는 전액 장학금을 받으면서도 다양한 기술을 익혔다. 그녀는 춤, 노래, 승마, 사진, 요리에서 두각을 드러냈고 바쁜 강의 일정과 학업 스트레스 속에서도 운전과 그림을 배웠다. 그럼에도 전혀 피곤한 기색이 없었고, 늘 생기가 넘쳐 주변 사람들을 놀라게 했다. 엘런이 그럴 수 있었던 것은 미래에 시간을 저당 잡히지 않고 현재의 소중함을 알았기 때문이다.

미래의 일에 신경 쓰느라 현재를 소홀히 한다면 자기 인생의 주인이 되지 못한다. 성공한 사람들은 모두 시간관리의 달인이었다. 시간을 잘 관리하는 사람은 남들보다 긴 하루를 살지만, 시간관리에 소홀한 사람은 남들보다 짧은 하루를 산다.

미국의 소설가 잭 런던은 커튼, 찬장, 옷장, 침대 맡, 거울, 벽 등 집안 곳곳에 메모지를 붙여놓는 습관이 있었다. 그는 메모지에 아름다운 문구나 생동감 있는 비유 구절 등을 적어놓고 수시로 보았다. 자기 전이나 일어날 때는 침대 머리맡에 붙인 메모지를 보았고, 세수할 때는 거울에 붙여둔 메모지를 보았다. 심지어 산책할 때도 메모지를 손에 들고 다녔다. 그는 매일 짧은 시간에 본 메모지를 통해 영감을 떠올렸는데, 이는 실제로 좋은 구상 방법이었다.

영국의 작가 에밀리 브론테 역시 지독한 메모광이었다. 그녀는 소설가로서 글도 써야 했지만 주부로서 갖가지 집안일도 해야 했다. 그래서 늘 펜과 메모지를 가지고 다니며 영감이 떠오를 때마다 수시로 기록하며 작품을 완성했다.

자기 영역에서 최고의 위치에 오른 사람들은 미래에 연연하지 않고 현재 눈앞에 주어진 시간에 최선을 다했다. 그들은 열악한 주변 환경과 어려운 상황 속에서도 운명을 탓하거나 좌절하지 않고 시간을 쪼개 원하는 일을 했다.

그들은 과거의 '죽은 시간'과 미래의 '아직 오지 않은 시간'에 얽매이지 않았으며, 오직 '지금 이 순간'을 살았다.

"실패한 사람들은 행동에 옮기기 전까지 고민하는 시간이 너무 길다."

이는 에머슨의 말이다. 꿈이 있다면 당장 행동으로 옮겨야 한다.

시간은 되돌릴 수도, 저장하거나 재사용할 수도 없는 소중한 자원이다. 요한 볼프강 폰 괴테는 말했다.

"시간을 효과적으로 사용하지 못하면 시간의 노예로 전락할 것이다. 시간 앞에서 약자가 된 사람은 영원히 강자가 될 수 없다."

시간을 잘 관리하는 사람은 하나의 일을 처리하는 데 많은 시간을 할애하지 않으며, 자투리 시간을 최대한 활용한다.

실비아 역시 시간을 잘 활용했다. 그녀는 말했다.

"집에는 제가 돌봐야 할 개구쟁이 아들이 셋이나 있어요. 게다가 넓은 집을 청소하고 정원을 손질하는 일도 제 몫이에요. 남편의 비서 노릇도 하고 회계사 역할은 물론이고 마을회관과 학부모협회에서도 중요한 일을 맡고 있죠. 보통 사람들의 몇 배나 되는 일을 하는 셈이에요. 이런 상황에서도 저는 시간을 내서 제가 좋아하는 일을 하고 있답니다."

실비아가 그렇게 많은 일을 하면서도 누구를 원망하거나 좌절하지 않은 이유는 그런다고 현실이 달라지지 않음을 알았기 때문이다. 대신 그녀는 시간을 최대한 잘 쪼개서 썼다.

"아이들에게 우유를 주거나 청소를 할 때 조금이라도 효과적인 방법을 찾으려고 노력해요. 최소한의 시간으로 최대한 많은 일을 처리한 뒤, 제가 정말 하고 싶은 일을 시작하죠."

실비아는 매 순간을 소중히 여기며 현재에 집중했고, 시간을 제대로 활용하기 위해 노력했다. 그랬기에 일과 가정에서 뛰어난 능력을 발휘할 수 있었다.

불필요한 공상과 걱정으로 시간을 낭비하는 사람이 많다. 그들은 매일 똑같은 고민에 머무르며 앞으로 나아가지 못한다.

인생이란 지금 눈앞에 펼쳐진 풍경을 바라보며 그 안에서 살아 숨 쉬는 것이다. 인생은 공중에 떠 있는 부교가 아닌, 두 발로 디딜 수 있는 대지 위에 존재한다. 에머슨은 말했다.

"인생을 가볍게 봤다가는 큰코다칠 것이다. 매 순간 최선을 다해 살아갈 때 진정한 행복을 느낄 수 있다."

캐나다의 소설가이자 경제학자 스티븐 리콕은 말했다.

"인생의 모든 순간은 소중하다. 하지만 인생의 즐거움을 놓치며 사는 사람이 많다. 어렸을 때는 어른이 된 후에 즐겨도 늦지 않다고 생각한다. 막상 어른이 되면 결혼 후를 기약하고, 중년이 되면 은퇴 이후를 기약한다. 하지만 시간은 우리를 기다려주지 않는다. 지금 이 순간에 충실할 때 비로소 즐거운 삶을 누릴 수 있다."

지혜로운 여자는 과거에 대한 후회와 미래에 대한 걱정으로 시간을 낭비하지 않고 현재에 집중한다. 시간은 현재를 즐기는 자의 편이다.

윌리엄 오슬러는 영국 국왕으로부터 작위를 받은 의학자로, 존스홉킨스대학교의 설립자이다. 그는 생전에 1,466쪽에 달하는 기록을 남겼다. 사람들은 그를 비상한 두뇌를 가진 천재라고 불렀다. 하지만 그는 예일대학교 연설에서 이렇게 말했다.

"저는 네 개 대학에서 교수를 역임했고 책도 집필했다고 해서 천재라고 불리지만 사실은 그렇지 않습니다. 제 친구들은 알아요. 제가 얼마나 평범한 두뇌를 가졌는지 말이에요."

그때 한 학생이 물었다.

"그럼 이렇게 성공할 수 있었던 비결은 뭔가요?"

"그것은 하루하루를 충실히 살았기 때문입니다."

예일대학교에서 연설하기 몇 달 전 오슬러는 대서양을 횡단하는 원양 정기선을 타고 있었다. 그 배는 선장이 버튼 하나만 누르면 육중한 기계음을 내며 빠른 속도로 사방에 격벽이 쳐지면서 배에 물이 들어오는 것을 막을 수 있었다.

"여러분은 그 원양 정기선보다 훨씬 더 놀라운 유기적 조직체이며 앞으로 더 먼 항해를 해야 합니다. 제가 강조하고 싶은 것은 배의 기계 장치를 다루는 법을 배우듯 하루하루를 충실히 살아가는 것이 안전한 항해를 위한 가장 확실한 방법이라는 사실입니다.

높은 곳에 올라서서 차단막이 제대로 작동하는지 보십시오. 버튼을 누르고 들어보세요. 여러분 인생의 모든 단계에서 그 강철의 문들이 '과거', 즉 지나버린 날들을 차단하는 소리를 들어보세요. 또 다른 버튼을 눌러 '미래', 즉 아직 태어나지 않은 앞날들을 금속 막으로 차단해버리세요. 그러면 여러분은 안전해집니다. 그럴 때 비로소 충실한 오늘을 살 수 있습니다.

죽은 과거가 죽은 이들을 묻게 놔두십시오. 바보들을 죽음으로 인도하는 지난날은 차단하세요. 어제의 짐과 내일의 짐까지 더해서 오늘 지고 간다면 아무리 강한 사람도 비틀거릴 수밖에 없습니다. 과거와 마찬가지로 미래도 완벽하게 차단하십시오.

오늘이 바로 미래입니다. 내일은 없습니다. 인류 구원의 날은 바로 지금입니다. 불필요한 일에 정력을 낭비하지 마십시오. 사방을 단단히 막고 오늘에 충실한 생활 습관을 기르세요."

오슬로의 말처럼 과거를 원망할 것도, 오지 않은 미래를 걱정할 필요도 없다. 오늘 하루를 충실히 살아가는 것이 가장 중요하다.

아침 일찍 일어나 커피를 마시고 창밖을 보았을 때 먼지 낀 하늘이나 복잡한 거리가 펼쳐지더라도 즐거운 마음으로 미소를 지어보자. 가장 좋아하는 책 한 권을 펼치고 마음에 드는 문장을 음미하자. 그 뒤에 새 옷으로 갈아입고 만족스러운 모습으로 일을 시작해보자.

열심히 일하다가 점심시간이 되면 좋아하는 음악을 들으며 맛있게 밥을 먹자. 오후에는 신속하게 일을 처리하고 가능하다면 동료의 일까지 도와줘보자. 휴식시간에는 동료들과 즐겁게 이야기를 나누며 긍정적인 기운을 전파해보자. 분명 모두가 당신을 좋아하게 될 것이다.

저녁이 되면 가벼운 마음으로 퇴근을 하자. 버스에서 많은 시간을 보내야 한다면 창밖의 풍경을 바라보며 하루의 피로를 풀어보자. 따뜻한 집으로 돌아온 뒤 소파에 누워 좋아하는 텔레비전 프로그램을 보자. 하루를 열심히 산 자신에게 칭찬을 해주자. 책을 읽거나 음악을 들으며 쌓였던 스트레스를 해소하고 모든 걱정에서 벗어난다면 커다란 행복을 느끼게 될 것이다.

시간은 절대 되돌릴 수 없다. 그리고 인생은 엄청난 속도로 지나간다. 오늘 하루를 소중히 생각하고 최선을 다해 살아내야 한다.

남들이 다 한다고 무조건 따라 하지 마라

인생은 아직 다듬지 않은 옥돌 같아서 끊임없이 갈고닦아야 아름다운 보석이 될 수 있다. 나태한 사람은 실패했을 때 핑계를 찾느라 바쁘지만, 성실한 사람은 미래를 꿈꾸며 새로운 계획을 세우고 끊임없이 나아간다.

에머슨은 말했다.

"나는 아무 생각 없이 사는 사람들을 배척한다. 스스로 생각하고 행동하는 사람이 좋다."

자신의 존재 가치를 깨달은 사람은 행복한 변화를 통해 이전과 완전히 다른 삶을 산다.

프린스턴대학교 학장은 학위 수여식에서 이렇게 말했다.

"여러분은 앞으로 외부의 압박으로 타협을 하게 될지도 모릅니다. 하지만 아무리 큰 압박에 의한 것이라 해도 타협에 굴복한 사람은 큰 실망감에 빠질 것입니다. 타협하기 위해 내세웠던 수많은 이유가 결국 핑계에 불과하다는 사실을 깨닫게 되거든요. 결국 자존감과 자신감만 떨어질 뿐 얻는 것은 하나도 없습니다. 그것은 스스로 자기 인생의 주인이 되기를 포기했기 때문입니다."

자기 뜻을 굽히고 세상과 타협한 사람은 자기 합리화를 통해 스스로 위안 삼아도 마음이 편안해지지 않는다. 예컨대 꿈을 포기하고 사회나 가족이 원하는 직업을 선택한 사람은 평생 자신이 원하는 일을 할 수 없을 거라는 생각 때문에 괴로워한다.

미주리주에서 태어난 나는 어렸을 때부터 배우가 되고 싶었다. 나는 당시 잘나가는 연기자들을 관찰하고 그들의 좋은 점만 뽑아 내 것으로 만들면 금방 인기를 얻을 거라고 생각했다. 하지만 그것은 정말 멍청한 짓이었다. 나는 많은 시간과 노력을 쏟아부은 뒤에야 그 사실을 깨달았다. 남들을 아무리 따라 해봤자 그것은 진짜 내 것이 될 수 없었다. 진정한 연기자가 되기 위해서는 나 자신을 그대로 보여줄 수 있어야 했다.

나는 그때 얻은 뼈저린 교훈으로 다시는 다른 사람을 따라 하지 않겠노라 다짐했다. 하지만 몇 년 뒤, 나는 또다시 멍청한 짓을 저지르고 말았다. 그때 나는 대중을 위한 연설집을 쓰고 싶어서 무리한 시도를 했다. 나는 다른 책들을 보고 중요한 내용을 정리해 내 책에 실으려고 했다. 다른 사람의 생각을 내 문장으로 둔갑시켰다면 아무도 내 책을 보려 하지 않았을 것이다. 뒤늦게야 정신을 차린 나는 1년간 모은 자료를 모두 쓰레기통에 버렸다.

'너는 데일 카네기야. 다른 사람에게 기대지 말고 너만의 것을 창조해야 해!'

나는 마음을 가다듬고 그동안 느꼈던 내 생각과 몸소 체험했던 경험을 토대로 새로운 연설집을 쓰기 시작했다. "나는 셰익스피어 같은 작품을 쓸 수 없지만 나만의 책을 완성하겠다"라고 말한 옥스퍼드대학교의 한 교수처럼 나만의 책을 완성하고 싶었다.

자기만의 독창적인 생각과 견해를 가진 사람은 자연스레 주변 사람들에게 많은 영향을 미친다. 그들은 외부의 유혹에 흔들리거나 시대의 흐름에 영합하지 않으며 자기만의 생각을 끝까지 지킨다.

지혜로운 여자는 다른 사람을 맹목적으로 따라 하지 않으며 자신의 장점을 발견하고 극대화한다. 다이아몬드가 만들어지려면 수많은 과정을 거쳐야 하는 것처럼 우리 또한 마음을 갈고닦아 나의 가치를 높여야 한다.

유행을 좇는 여자들은 무슨 수를 써서라도 명품 핸드백과 화장품을 손에 넣으려 한다. 그것이 필요하다기보다 자신의 재력을 과시함으로써 허영심을 채우기 위해서다.

한때 할리우드에 다른 배우를 흉내 내는 것이 유행한 적이 있다. 그때 많은 배우가 동료 배우를 흉내 내며 즐거워했는데, 그런 상황에서도 진정한 배우는 자기만의 색깔을 포기하지 않았다.

유행에 민감하고 예쁜 것을 좋아한다고 비난할 수는 없다. 문제는 맹목적으로 남들을 따라 하려는 태도다. 예컨대 활발하고 털털한 성격인데 우아한 척하느라 얌전한 목소리로 내숭을 떨거나, 좋아하지도 않는 음악회나 전시회를 좇아다니는 것이다.

남들만 따라 하며 사는 사람은 자기만의 색깔을 잃어버린다. 세상에 완전히 똑같은 나뭇잎이 존재하지 않는 것처럼 사람도 아무리 똑같이 따라 한다 해도 그 사람이 될 수는 없다.

많은 이가 남이 갔던 길을 따라가려는 이유는 타인의 잣대로 자신을 판단하기 때문이다. 하지만 타인의 기준에 맞춰 사는 사람은 자기만의 행복감과 만족감을 느끼지 못한다.

한 여자가 있었다. 그녀는 항상 사회에서 요구하는 기준에 맞춰 살아왔으며 한 번도 자신의 개성을 드러낸 적이 없었다. 그녀의 남편은 성공한 변호사로, 실력도 뛰어났고 사회적 평판도 좋았다. 그는 집에서 자주 모임을 가졌는데 그때마다 명망 높은 지인들을 초대했다. 하지만 내성적이고 온화한 성격의 그녀는 그들 앞에만 서면 주눅이 들었고 초라해지는 기분이 들었다. 소외감과 열등감에 빠진 그녀는 점점 자신을 싫어하게 되었다.

그녀는 타인의 잣대로 자신을 평가하면서 깊은 마음의 병을 앓았다. 하지만 남편이 유명한 변호사라고 해서 그녀까지 법조문을 달달 외워야 할 필요는 없었다. 행복해지려면 남들과 상관없이 자기만의 길을 가겠다는 강한 용기와 의지가 필요하다.

현대 사회에서 사람들은 남들과 다른 존재가 되는 것을 두려워한다. 따라서 타인의 마음을 사기 위해 좋아하지도 않는 일을 억지로 할 때가 많다. 마음속으로는 '내가 왜 이 일을 해야 하지?'라는 의심을 하면서도 잘못된 사고의 틀에서 벗어나지 못한다.

왜 하고 싶은 일을 포기하느냐고 물으면 대부분이 이렇게 대답한다.

"먹고살려면 어쩔 수 없어요."

나는 그런 대답을 들을 때마다 가슴이 아팠다. 그들은 어두운 동굴에 갇힌 사람처럼 빛은 보지도 못한 채 그저 살아남기 위해 산다. 기쁨, 행복, 성취감 따위는 전혀 존재하지 않는다. 이는 그들이 겁에 질려 무엇 하나 시도해보지 않았기 때문이다. 사회가 만들어놓은 틀에서 벗어나 자신의 개성을 드러내고 진정으로 원하는 일을 한다면, 이전과는 다른 전혀 새로운 미래가 펼쳐질 것이다.

에머슨은 말했다.

"인간이 나약한 이유는 자신을 믿지 못하고 삶의 가치를 외부 세계에서 찾기 때문이다."

내면의 목소리에 귀 기울이고 꿈을 위해 새로운 길을 개척하는 사람은 행복해질 수 있다.

평범한 영업 사원 킹 캠프 질레트는 20년간 취미로 발명품을 연구했지만 성공한 것은 하나도 없었다.

그러던 어느 해 여름, 그는 보스턴으로 출장을 갔는데 다음 날 바로 본사로 돌아가야 했다. 일을 마친 이튿날 아침 그가 면도를 하고 있었는데, 호텔 직원이 문을 쾅쾅 두드리며 소리를 쳤다.

"서두르세요! 십 분 뒤에 기차가 출발해요."

다급해진 질레트는 황급히 면도를 하다가 칼에 살이 베여 상처가 나고 말았다. 피를 닦던 그는 문득 생각했다.

'상처가 나지 않는 면도기가 있으면 정말 좋을 텐데!'

집으로 돌아와 본격적인 연구에 돌입한 질레트는 수많은 실패를 딛고 마침내 안전한 면도기를 발명하는 데 성공했다. 그가 만든 면도기는 순식간에 전 세계를 휩쓸었고, 질레트는 부와 명성을 단번에 거머쥐었다.

감자칩은 미국계 인디언 요리사 조지 크럼이 처음 만들었다. 1853년, 크럼은 사라토가의 고급 레스토랑에서 일했는데 어느 날 저녁 프랑스 손님이 찾아와 그의 감자튀김이 너무 두껍다며 항의했다. 기분이 상한 크럼은 손님을 골탕 먹일 작정으로 감자를 종이처럼 얇게 썰어 기름에 튀겼다. 그런데 예상과 달리 손님은 튀김을 계속 집어 먹으면서 맛있다고 극찬했다. 그렇게 탄생한 요리가 바로 오늘날 전 세계의 사랑을 받는 감자칩이다.

질레트와 크럼이 성공할 수 있었던 이유는 그들이 타인의 기준에 맞춰 살지 않고 자기만의 길을 개척했기 때문이다.

지혜로운 여자는 자신을 사랑하고 자기 안의 가능성을 발견하기 위해 노력한다. 외부의 유혹에 흔들리지 않고 자신을 믿는 사람만이 삶의 진정한 가치와 행복을 찾을 수 있다.

남들이 다 한다고 무조건 따라 하지 마라

♥

내면의 목소리에 귀 기울이고 꿈을 위해 새로운 길을 개척하는 사람은
행복해질 수 있다.

나는 세상에 하나뿐인 존재다

에머슨은 저서《자기신뢰》에서 이렇게 기술했다.

'타인을 맹목적으로 따라 하지 않고 자신의 밭을 열심히 일군 사람만이 수확의 계절에 풍성한 결실을 볼 수 있다.'

사람은 누구나 세상에 하나뿐인 존재이며, 다른 사람으로 대체하거나 복제할 수 없다. 이런 맥락에서 남들과 다르다는 사실을 걱정하느라 시간을 낭비할 필요가 없다. 세상에서 가장 아름다운 사람이 아니라 세상에서 가장 독보적인 사람이 되어야 한다. 아무나 따라 할 수 없는 독보적인 사람은 단점까지도 매력으로 승화시킨다.

마리는 처음 무대에 섰을 때 아일랜드 코미디언을 따라 했다. 하지만 돌아온 건 사람들의 차가운 외면이었다. 마리는 잘못을 깨닫고 철저히 자기만의 매력을 찾기 시작했다. 얼마 후 그녀는 시골에서 올라온 순박한 처녀가 되어 사투리로 관객과 소통했다. 마리는 마치 자기 옷을 입은 것처럼 완벽하게 시골 처녀를 연기했고, 사람들에게 큰 감동을 선사했다.

많은 구직자가 심각하게 하는 실수가 있다. 그것은 자신을 속이는 것이다. 그들은 자신의 진짜 모습은 드러내지 않은 채 면접관이 듣고 싶어 하는 이야기만 한다. 이래서는 자신을 제대로 부각할 수 없다.

확실히 요즘은 남들과 같아지려는 사람들로 넘쳐난다. 개성은 사라지고 모두 똑같은 사람이 되어야 하는 것처럼 말하고 행동한다. 그들은 더 이상 행복감과 만족감을 느끼지 못하며 다른 사람의 그림자가 되는데, 결국 따분하고 재미없는 일상을 반복할 뿐이다.

멋지고 예쁜 연예인을 동경하며 그들의 패션과 화장법을 따라 하는 여자가 많다. 그렇게 하면 자신도 주목받고 사랑받을 거라고 생각하지만 오히려 자신만의 매력과 개성을 잃고 특징 없는 사람으로 전락한다.

남들과 같아지려고 하는 순간 자기 영혼은 빛을 잃는다. 맹목적으로 타인을 따라 하는 사람은 지루하고 재미가 없다. 반면, 자기만의 개성을 지키는 사람은 외모가 특별하지 않더라도 강한 매력을 발산한다.

미국의 시인 더글라스 멜록은 시 '무엇이든 최고가 되어라'에서 노래했다.

언덕 위의 소나무가 될 수 없다면,

골짜기의 관목이 되어라.

시냇가의 가장 아름다운 관목이 되어라.

나무가 될 수 없다면 덤불이 되어라.

덤불이 될 수 없다면 풀 한 포기가 되어라.

그래서 고속도로를 더욱 아름답게 만들어라.

커다란 창꼬치가 될 수 없다면 배스가 되어라.

호수에서 가장 힘차게 펄떡이는 배스가 되어라!

모두가 다 선장이 될 수 없는 법,

누군가는 선원이 되어야 한다.

모두에게는 주어진 일이 있다.

큰일도 있고 작은 일도 있으니,

해야 할 것은 우리에게 주어진 일.

큰 길이 될 수 없다면 오솔길이 되어라.

태양이 될 수 없다면 별이 되어라.

이기고 지는 것은 크기에 달려 있지 않다.

무엇이든 최고가 되어라!

타인의 길을 따라가지 말고 자기만의 길을 개척하는 사람만이 행복해질 수 있다. 타인의 인생을 따라 하는 사람은 아무리 화려한 무대에 있어도 복제품 이상의 가치를 하지 못한다.

미국의 젊은 작곡가 조지는 잘나가는 천재 작곡가 베일린으로부터 편지를 받았다. 베일린은 조지에게 비서직을 제안하며 수락한다면 지금 연봉의 3배를 주겠다고 했다. 하지만 뒤에 이런 당부도 덧붙였다.

'경제적인 상황이 열악한 게 아니라면 내 제안을 거절해 주세요. 당신만의 음악을 계속하길 부탁드립니다. 지금은

깜깜한 어둠 속을 걷는 것처럼 힘들게 느껴지겠지만 조금만 더 참고 견디면 밝은 길이 펼쳐질 테니까요.'

몇 년 뒤, 우연히 조지를 만난 베일린은 보자마자 감사의 인사를 했다. 베일린은 그때 편지를 받고 끝까지 자신의 길을 포기하지 않은 덕분에 작곡가로서 큰 성공을 거둘 수 있었다.

에머슨은 말했다.

"자신을 믿고 모든 일에 최선을 다하면 반드시 좋은 결과를 얻을 것이다."

1888년, 한 편의 과학연구 논문이 프랑스 과학아카데미를 발칵 뒤집는 일이 발생했다. 논문 뒤에는 이런 말이 덧붙어 있었다.

'자신이 아는 것을 말하고, 해야 할 일을 하며, 원하는 사람이 되어라!'

이것은 여성 차별이 심각했던 19세기에 과학아카데미에 들어간 유일한 여자이자 수학 역사상 최초의 여교수가 된 당시 서른여덟 살의 러시아 수학자 소피아 코발레프스카야의 논문이다.

자기 생각과 개성을 계속 유지하지 못하는 이유는 외부

세계의 방해 때문이 아니라, 자기 안의 두려움 때문이다. 자기만의 확고한 의지와 생각을 가진 사람은 유혹에 흔들리거나 타인의 시선에 아랑곳하지 않고 자신의 길을 꿋꿋이 걸어간다.

헨리 데이비드 소로는 하버드대학교를 졸업한 뒤 누구나 소망하는 탄탄대로를 포기하고 월든 호수로 떠났다. 그는 월든 호수에 작은 오두막을 짓고 소박한 삶을 실천하며 집필에 몰두했다. 소로는 마흔네 살이 되도록 사랑하는 여자를 만나지 못했고, 그의 책을 출판해줄 회사도 찾지 못했다. 하지만 집필 활동을 포기하지 않은 그는 마침내 위대한 작품을 완성해 문단에 큰 반향을 일으켰다. 그 책이 바로 미국 문학의 고전이자 세계적인 교양 도서로 손꼽히는《월든》이다.

사람들은 월든 호수로 떠난 소로의 인생을 어떻게 평가할까? 한 연구기관에서 467,432명을 대상으로 소로와 같은 삶을 살고 싶은지에 대한 설문조사를 실시했다. 그 결과 92퍼센트가 '예'라고 대답했으며, '아니요'와 '모르겠다'라고 대답한 비율은 각각 6퍼센트와 2퍼센트에 불과했다. 작가와 직장인을 대상으로 한 직업 만족도 조사 결과 작가의 직업 만족도는 아주 높은 반면 직장인의 직업 만족도는 아주 낮은 것으로 나타났다. 작가 대부분은 원하던 꿈을 이룬 것이지만 직장인들은 그렇지 않기 때문이다. 한 직장인은 불만 가득한 표정으로 말했다.

"어릴 때부터 화가가 되고 싶었는데 지금은 그림을 파는 영업 사원이 됐어요. 소로처럼 살고 싶지만 늘 부러움에 그칠 뿐이죠."

좋아하는 일을 하며 사는 사람은 몇이나 될까? 주변을 둘러보면 많은 사람이 잘못된 길을 선택했다는 생각을 하며 살아가고 있다.

우리는 모두 세상에 하나뿐인 존재다. 이 사실을 명심하고 매 순간 내 인생의 진짜 주인으로 살아가야 한다. 남들과 똑같아지려고 애쓰지 말고 나 자신이 원하는 길을 걸을 때 비로소 행복해질 수 있다.

나는 세상에 하나뿐인 존재다

♡ ○ ▽   👤

♥

자신을 믿고 모든 일에 최선을 다하면 반드시 좋은 결과를 얻을 것이다.

내려놓음의 즐거움

삶의 무게가 무겁게 느껴질 때 과거와 미래에 대한 근심과 걱정이 너무 많다는 생각을 한 적 있는가? 무거운 짐을 짊어지고 가볍게 걸을 수 있는 사람은 없다. 인생이라는 길을 걷는 나그네에게 짐은 가벼운 게 좋다. 그렇지 않으면 풀한 포기에도 발이 걸려 넘어질 수 있다.

인생의 지혜는 생각을 많이 한다고 늘지 않는다. 머릿속까지 가볍게 만들어 마음을 편하게 가져보자.

과거에 어떤 실수를 저지르고 어떤 잘못된 선택을 했든 현재 바꿀 수 있는 일이란 없다. 그러니 지나간 날의 일은 깨끗이 잊어버리자.

기적은 매 순간 최선을 다하는 사람에게 주어지는 선물이다.

작가이자 종군기자인 래리는 전장에서 많은 경험을 쌓으며 인생의 소중한 지혜를 배웠다. 그는 〈리더스 다이제스트〉에 다음과 같은 글을 실었다.

제2차 세계대전 기간, 이동 중이던 나는 수송기가 고장 나는 바람에 동료들과 함께 낙하산을 타고 탈출을 시도했다. 마침 인도와 미얀마 접경지 근처 밀림으로 떨어졌다.

그때 우리가 할 수 있는 유일한 일은 인도 방향으로 계속 걸어가는 것뿐이었다. 8월에 내린 폭우로 길은 진흙으로 질척거렸고 산을 넘어갈 때는 목숨을 걸어야 했으며, 언제 터질지 모르는 지뢰밭을 건너야 했다. 인도까지는 140마일약 225킬로미터이나 떨어져 있었다. 걷기 시작한 지 얼마 안 돼서 발에 물집이 생겼고 이내 까지면서 통증이 심했다. 하지만 절룩거리면서도 쉬지 않고 걸어야 했다. 다른 이들의 상황도 나와 다르지 않았다.

140마일을 걸어갈 수 있을지 상상이 되지 않았다. 그저 쉬지 않고 걸었다. 걷고 또 걷는 일만 생각했다. 그렇게 우리는 인도에 도착했고, 서로 부둥켜안은 채 기쁨의 눈물을 흘렸다.

몇 년 뒤, 나는 25만 자 분량의 책을 쓰기 시작했다. 집필 활동을 위해 영예로운 교수직도 그만뒀다. 하지만 분량을 채울 수 있을지 엄두가 나지 않았다. 부담감에 짓눌린 나는 결국 손을 놓고 말았다. 그러고는 매일 괴로워하며 폭식을 했다. 미친 듯이 화를 냈다가 눈물을 흘리는 날이 반복되었다. 그러다 문득 예전에 먼 길을 걸었던 기억이 떠올랐다.

'그래, 쉬지 않고 걸었던 것처럼 이번에도 쉬지 않고 쓰는 거야.'

나는 잡념과 걱정으로 가득했던 머리를 비우고 쓰는 일에만 집중했다. 한 페이지, 한 문장씩 써 내려갔다. 그렇게 6개월을 아무것도 하지 않고 글을 써서 25만 자를 완성했다.

몇 년 전부터 나는 매일 방송대본을 써왔는데 지금까지 쓴 대본을 따져보니 2천 개가 넘었다. 처음부터 대본 2천 개를 써야 한다고 계약했다면 아마 시작도 못 했을 것이다. 매일 하나씩 쓰다 보니 어느새 2천 개에 이른 것일 뿐이다. 이를 통해 나는 미래에 대한 걱정이 얼마나 불필요한 것인지 깨달았다.

미래에 대한 걱정으로 아무것도 못 하고 전전긍긍하느니 지금 눈앞에 있는 일에 최선을 다해보자. 매일 조금씩 하다

보면 언젠가 원하는 목표에 가까워질 것이다.

"오늘을 살아라!"

앨리스는 이 말을 귀에 딱지가 앉을 정도로 많이 들었지만 잘 이해가 되지 않았다. 그녀는 어릴 때부터 일어나지도 않은 일에 대한 걱정으로 전전긍긍하기 일쑤였다.

'만약에 실직자가 되면 어떡하지?'

'만약에 더 이상 살아갈 이유를 찾지 못하면 어떡하지?'

'만약에 지금의 미모를 잃어버리면……'

그녀는 매일 '만약에'라는 말로 미래를 걱정하며 불안한 나날을 보냈다.

그러던 어느 날 앨리스는 걱정하지 않고 살 수 있는 비결을 깨달았다.

앨리스가 친구를 배웅하기 위해 기차역에 갔을 때였다. 기차역에서 그녀는 인파에 떠밀려 기차 조종실 근처까지 가게 되었다. 앨리스는 자기도 모르게 커다란 엔진 옆에서 번쩍이는 황색 신호등에 시선이 갔다. 그때 기차 신호원을 본 앨리스는 깊은 깨달음을 얻었다.

"저 신호원은 눈앞의 신호등에 의지해 긴 철로를 가는구

나. 만약에 나였다면 앞으로 만나게 될 철로의 신호등이 무엇인지 고민하느라 안절부절못했을 거야."

인생의 모든 길목에도 각기 다른 신호등이 설치되어 있다. 하지만 신이 어떤 신호등을 설치해놨는지는 아무도 모른다. 그러니 보이지 않는 신호등이 무엇인지 고민하지 말고 눈앞의 신호등에 집중해야 한다.

고민과 근심의 짐은 내려놓으면 멋진 풍경이 눈에 들어올 것이다.

내려놓음의 즐거움

고민과 근심의 짐은 내려놓으면 멋진 풍경이 눈에 들어올 것이다.

불평불만은 이제 그만

'못 하나가 없어서 편자를 잃었네. 편자 하나가 없어서 말을 잃었네. 말 한 마리가 없어서 기수를 잃었네. 기수 한 명이 없어서 전쟁에서 졌다네.'

이는 유럽 민요 중 한 부분으로, 작은 못 하나가 엄청난 영향을 미칠 수 있음을 상징한다.

감정을 조절하지 못하고 불평불만을 달고 사는 사람은 그작은 불평으로 말미암아 큰 화에 직면할 수 있다. 따라서 언제나 이성적이고 침착한 마음을 유지해야 한다.

아내의 지나친 잔소리는 남편의 마음을 닫고 부부관계를

악화시키는 결과를 불러온다. 남편의 배려없는 태도 역시 마찬가지다. 하루 종일 일하고 기진맥진한 상태로 퇴근한 남편에게 따발총 같은 잔소리보다 물 한 잔을 건네며 쉴 수 있도록 배려한다면, 온종일 집안일과 아이들에게 시달려 피곤한 아내에게 고생했다며 어깨 한번 두드려준다면, 가정에 평화가 찾아올 것이다. 사랑은 꽃과 같다. 비난, 조롱, 불평, 원망은 폭풍우가 되어 활짝 핀 꽃을 흔들고 바닥에 내동댕이친다.

상대방에 대한 비난과 원망은 두 사람의 관계를 악화시킬 뿐이다. 지혜로운 여자는 장미에 가시가 있다고 슬퍼하거나 원망하지 않으며, 그 자체의 아름다움을 감상한다.

존은 현명한 아내와 세 딸을 둔 가장으로 행복하게 살고 있었다. 여름이 되자 세 자매는 차를 몰고 교외로 여행을 떠났다. 인적이 드문 곳에 도착하자 두 언니는 막냇동생에게 운전법을 가르쳐주겠다며 그녀에게 운전대를 맡겼다. 하지만 신난 막내는 운전하면서 언니들과 계속 수다를 떠느라 전방을 주시하지 못했고, 맞은편에서 달려오던 대형 트럭과 충돌하고 말았다. 큰딸은 그 자리에서 즉사했고, 둘째는 머리에 중상을 입었으며, 막내는 뼈가 부러졌다. 사고 소식을 들은 존은 병원으로 달려가 살아남은 두 딸을 부둥켜안고 울었다. 하지만 사고를 낸 막내를 원망하거나 비난하지 않았다.

몇 년 뒤, 성인이 된 막내는 왜 그때 아무 말도 하지 않았냐고 물었다. 그러자 존이 대답했다.

"네 언니가 세상을 떠난 것은 너무 안타까웠지만 너를 비난한다고 뭐가 달라졌겠니? 네게 화를 내고 원망했다면 넌 평생 죄책감을 안고 살아갔을 거야. 그렇게 네 인생을 망치고 싶지 않았어."

막내는 존 품에 안긴 채 펑펑 울었다.

비난과 원망은 상대방 정서에 부정적인 영향을 미칠 뿐만 아니라 일을 바로잡는 데도 아무런 도움이 되지 않는다. 이처럼 문제가 발생했을 때 분노하며 상대를 질책하는 것보다 웃으며 사실을 받아들이는 게 더 낫다.

원망하는 마음에서 벗어나려면 인간은 불완전한 존재임을 인정해야 하며, 그러기 위해서는 자신을 포용할 수 있어야 한다. 이 같은 이치로 타인을 용서하려면 우선 자신을 용서해야 한다. 현명한 여자는 가족과 주변 사람에게 사랑과 관용의 마음을 베푼다.

신은 인간에게 두 귀를 만들어주었다. 그 덕분에 우리는 세상의 아름다운 소리는 물론이고 비난하고 원망하는 소리를 다 들을 수 있다. 하지만 외부에서 오는 비난보다 마음속에서 들리는 자기 비하와 원망의 소리가 더 크게 들리는 법이다. 행복해지기 위해서는 내 안의 부정적인 소리를 잠재워야 한다.

사람은 자신이 생각하는 것보다 더 많은 가능성을 가지고 있다. 따라서 우리는 현재의 자신보다 훨씬 더 나은 사람이 될 수 있다.

에머슨은 말했다.

"어리석은 사람은 자기 안의 탑은 보지 못한 채 타인의 탑을 보며 부러워하고 자신을 하찮게 여긴다."

결혼한 아줌마라는 이유로 자신의 가치를 낮게 평가하고 타인의 인생만 부러워하는 여자가 많다. 그들은 세상에서 밀려났다고 생각하며 소외감을 느낀다. 하지만 그런 생각이야말로 자기 발전을 방해하는 가장 큰 걸림돌이다.

일흔이 넘은 고령에도 자신의 가치를 부정하지 않고 부단한 노력으로 새로운 미래를 개척한 할머니 보니의 이야기를 보자.

보니는 어렸을 때부터 작은 키 때문에 늘 고민이었고, 그렇게 태어난 자신을 원망하기도 했다. 나중에서야 인생에서 중요한 건 키가 아니라는 사실을 깨달았다. 키가 크면 좋은 점도 있지만 나쁜 점도 있기 때문이다. 중요한 건 겉모습이 아니라 마음가짐이었다.

보니는 다양한 직업을 가졌는데 그중에서 가장 좋아한 일은 학교에서 아이들에게 이야기를 들려주는 것이었다. 그녀는 더 재미있는 이야기를 들려주기 위해 슬라이드까지 준비해갔다. 그녀는 말했다.

"일흔이 넘었지만 나이는 전혀 문제가 되지 않았어요. 중요한 건 마음가짐이죠. 오히려 연륜이 쌓여서 젊은 사람들보다 재밌는 이야기를 많이 알고 있죠."

보니가 구연동화 사업을 시작한다고 했을 때 늙은 할머니에게 투자하겠다는 사람은 없었다. 그러던 중 포드재단에서 그녀의 사업에 관심을 보였다. 보니는 구체적인 사업계획서를 재단에 보냈고 머지않아 그녀의 바람대로 미국 각지의 수많은 아이가 구연동화를 들을 수 있게 되었다.

미국 버지니아주 근교에서 농장을 운영하며 취미로 그림

을 그리기 시작한 모지스 할머니는 4년 만에 뉴욕 전시회를 열 만큼 성공한 화가가 되었다. 놀라운 사실은 그녀가 76세에 처음 그림을 배웠다는 점이다. 그녀는 관절염에 걸려 일을 하지 못하게 된 뒤부터 그림을 그리며 시간을 보냈다. 그리고 101세까지 살면서 1,600여 점의 그림을 완성했다.

모지스 할머니의 유품 중 그녀가 100세 때 와타나베 준이치라는 일본인과 주고받은 엽서가 발견되었다. 준이치는 어릴 때부터 글쓰기를 좋아했지만 대학을 졸업하고 정형외과 의사가 되었다. 하지만 높은 연봉에 잘나가는 의사가 되어도 행복하지 않은 자신을 발견하고 뭔가 잘못됐다는 생각이 들었다. 어릴 적 작가가 되고 싶었던 꿈을 여전히 갖고 있지만 안정된 직업을 그만둘 용기가 나지 않았다. 무엇보다 늦은 나이에 시작해서 작가로 성공할 수 있을지 자신이 없어 괴로워했다.

모지스 할머니는 엽서를 통해 그에게 말했다.

'당신이 좋아하는 일을 하세요. 신도 즐거운 마음으로 성공의 문을 열어줄 겁니다. 설령 당신이 80세 노인이라도 말이에요.'

그녀의 말에 용기를 얻은 준이치는 의사를 그만두고 전업 작가가 되었다. 집필 활동에 전념한 그는 훗날 노벨 문학상을 받는 영예를 얻었다.

어리석은 사람은 행동하기 전에 온갖 핑계를 마련하거나 '나는 할 수 없을 거야'라는 생각에 빠져 항상 기회를 놓친다.

새로운 시도는 두렵고 힘든 일이지만 아무것도 하지 않는 것보다 낫다. 누군가를 원망하고 불평하는 데 인생을 낭비하지 말고, 새로운 변화와 도전을 위해 열정과 노력을 아끼지 말아야 한다. 아무리 작은 일이라도 자신감을 가지고 도전하라. 변화는 작은 것에서부터 시작된다.

지혜로운 여자는 자신의 가능성을 믿고 끊임없이 도전하며 늘 변화를 꿈꾼다. 또한 언제나 배우고 익혀 자신의 삶을 더 풍요롭게 만든다.

불평불만은 이제 그만

♡ ▢ ◁   👤

♥

현명한 여자는 가족과 주변 사람에게 사랑과 관용의 마음을 베푼다.

7

세상을 품으면
인생이
풍요로워진다

처음부터 흠이 없는 다이아몬드란 없다. 완벽을 추구하려는 것
은 인간의 습성이자, 악마의 속삭임이다. 완벽한 정신은 조악한
물질 속에 존재하며, 숭고한 노동을 통해 추출된다.

세상에 완벽한 것은 없다

처음부터 흠이 없는 다이아몬드란 없다. 완벽을 추구하려는 것은 인간의 습성이자, 악마의 속삭임이다. 완벽한 정신은 조악한 물질 속에 존재하며, 숭고한 노동을 통해 추출된다.

고집스럽게 완벽을 추구하다가 잘못된 길로 들어서는 이가 적지 않다. 완벽을 추구하는 것은 좋은 태도다. 그러나 너무 지나치면 독이 된다.

심리학적 관점에서, 자신에게 어느 정도로 엄격한지를 보면 자기 자신을 얼마나 사랑하는지 알 수 있다.

어느 날, 스피치 수업을 듣던 학생이 찾아와 고민을 털어놨다. 그녀는 사람들 앞에서 말할 때 너무 긴장해서 내용을 제대로 전

달하지 못하겠다고 말했다.

"말을 하려고 자리에서 일어나면 너무 떨려서 자신감이 떨어져요. 하지만 다른 학생들은 준비도 철저히 해오고 발표도 잘하더라고요. 저도 완벽하게 하고 싶은데 그러지 못해서 속상해요."

"왜 자신의 단점에만 집중하는 거지? 발표를 잘 못했다고 느끼는 이유는 네 단점에 신경 쓰느라 장점을 발휘하지 못했기 때문이야."

평범한 사람이든 자기 분야에서 성공한 사람이든 단점이 없는 사람은 없다. 하지만 위의 학생처럼 자신의 단점만 보느라 장점을 보지 못한다면 스스로 불행하게 할 뿐이다.

윌리엄 셰익스피어의 작품에도 비상식적인 이야기나 역사적인 오류가 종종 발견된다. 하지만 그럼에도 셰익스피어가 문단에서 독보적인 자리를 차지하는 이유는 그의 장점이 단점을 충분히 덮을 수 있기 때문이다.

지혜로운 여자는 자신의 단점에 집착하지 않고 장점이 돋보이도록 노력한다. 장점을 잘 발휘하면 어둠 속에 반짝이는 야명주처럼 자신과 주변을 밝게 비춘다.

세상에 완벽한 사람이란 없다. 완벽한 아름다움을 추구하는 여자는 조금이라도 마음에 들지 않는 부분이 있어도 만족하지 못하고 활기를 잃는다.

예전에 지인들의 모임에 참석했다가 알게 된 이가 있다. 완벽주의자였던 그녀는 일할 때 아주 작은 부분도 그냥 넘어가지 않았다. 그녀는 모든 일을 직접 해야 직성이 풀리는 성격이라서 간단한 보고서까지도 공들여 자기 손으로 작성했다. 중요한 업무를 처리할 때는 기진맥진해질 때까지 열과 성을 다했다. 하지만 동료들은 언제나 완벽을 추구하는 그녀의 업무방식을 좋아하지 않았다. 그녀는 완벽해지기 위해 자신뿐만 아니라 타인에게도 엄격했다. 시간이 지날수록 사람들은 점점 그녀에게서 멀어졌다.

자신을 사랑하지 않는 사람은 타인도 사랑하지 못하며, 자신에게 엄격한 사람은 타인에게도 엄격하다. 자신조차 받아들이지 못하는 사람이 어떻게 타인을 받아들이겠는가?

컬럼비아대학교 사범대학의 제시카 교수는 말했다.

"교사는 성취감과 보람도 크지만 힘들고 고된 직업이다. 따라서 교사가 되려면 자기 자신을 사랑해야 한다."

하지만 물질과 이익을 중시하는 이 시대에서 자신을 사랑하며 살아가기란 말처럼 쉽지 않다. 사람들은 늘 긴장과 불안에 시달리며 살아간다. 남들과 끊임없이 비교하며 살 필요는 없다.

남들이 하는 대로 집과 차, 화려한 의상과 화장품 등을 가진다고 내 삶이 온전히 행복해지지는 않는다. 모든 가치 판단을 멈추고 자기 자신을 사랑해보자. 우리는 모두 세상에 하나뿐인 존재이다. 우리의 삶은 신이 주신 소중한 선물이다. 완벽해지려는 생각에서 벗어나 불완전한 자신을 포용하고 받아들여야 한다. 자기 자신을 사랑할 수 있는 사람만이 행복해질 수 있다.

심리학자 에이브러햄 매슬로우는 저서 《동기와 성격》에서 이렇게 기술했다.

'동기심리학의 주요 개념은 본능, 자율, 해소, 자아실현, 만족감이다.'

지혜로운 여자는 남들과 비교하지 않으며 불완전한 자신의 모습을 있는 그대로 사랑한다. 철학자 쇼펜하우어는 말했다.

"사람들은 자신이 가지지 못한 것을 탐하느라 정작 자신이 가진 것은 소중하게 생각하지 않는다."

베티는 모든 것에 불평불만을 하는 친구였다. 그녀는 의류 매장을 차렸다가 파산하면서 모든 재산을 날렸다. 베티의 남편은 예전과 달리 그녀에게 관심이 없었고, 매일 야근에 주말에도 집에 잘 들어오지 않았다. 그녀는 지독한 권태에 시달렸고, 날마다 자신을 증오했다. 마치 쓸모가 없어 쓰레기통에 버려진 기분이었다. 그녀는 다시 일하고 싶었지만 용기가 나지 않았다. 그날도 베티는 평소처럼 고민에 휩싸여 거리를 배회하고 있었는데 어디선가 기분 좋은 목소리가 들려왔다.

"안녕하세요? 좋은 아침이네요!"

고개를 들어 소리 나는 곳을 쳐다보니 잘생긴 청년이 미소하며 인사했다. 겨드랑이에 목발을 짚은 청년은 두 다리가 없었다.

베티가 말했다.

"내가 예쁜 구두를 갖지 못해 괴로워하고 있을 때 두 다리를 잃은 그 청년을 만난 거야. 그를 본 순간 내가 하는 모든 고민이 하찮게 느껴졌지. 그 뒤로 내 인생은 완전히 달라졌어."

자신이 갖지 못한 것에 눈독 들이는 건 스스로 불행해지는 지름길이다. 현명한 사람은 자신이 가진 행복을 소중하게 생각한다.

루시는 일과 가정을 잘 꾸리며 하루하루를 바쁘게 보내는 능력 있는 워킹맘이다. 그녀는 늘 새로운 것을 배우러 다녔고 각종 모임과 파티도 잘 참석했다. 눈코 뜰 새 없이 돌아다니는 그녀는 느긋하게 쉬어본 적이 거의 없었다. 의사는 그녀에게 1년 정도 편안히 누워 요양하지 않으면 조만간 건강이 더 나빠질 거라고 말했다.

루시는 1년간 집에서 요양한다는 생각만으로도 극심한 공포와 불안을 느꼈다. 아무것도 하지 않고 쉬는 사이 도태될 수 있다는 두려움은 심각한 우울증을 불러왔다.

우연히 루시를 알게 된 심리학자는 그녀의 불안과 두려움을

세상에 완벽한 것은 없다

사람들은 자신이 가지지 못한 것을 탐하느라 정작 자신이 가진 것은 소
중하게 생각하지 않는다.

단번에 알아보고 말했다.

"일 년이라는 시간이 재앙처럼 느껴지나요? 하지만 제 눈에는 더할 나위 없이 소중한 기회 같군요. 충분히 쉬면서 생각을 정리해보세요. 일 년 뒤 당신은 분명히 새로운 사람이 되어 있을 겁니다."

그의 충고대로 루시는 쉬면서 머릿속 생각들을 하나씩 정리했다. 그랬더니 처음에 느껴졌던 공포와 두려움이 서서히 물러갔다. 차분하게 마음을 가라앉힌 그녀는 침대에 누워 책을 읽으며 다양한 지식을 쌓았다. 또한 그동안 못 만났던 친구들을 만나며 마음의 안정을 찾았다.

1년 뒤, 건강을 회복한 루시는 다시 일을 시작했다. 집에서 보낸 1년의 세월을 돌아보며 그녀는 말했다.

"지난 일 년 동안 매일 제가 가진 것들에 감사하며 보냈어요. 정말 최고의 시간이었어요."

지혜로운 여자는 어떤 순간에도 좌절하거나 낙담하지 않으며 최선을 다해 자신을 사랑한다.

마음이 아름다우면 세상도 아름다워 보인다

인생은 바다 위를 항해하는 선박과 같다. 암초와 폭풍우를 피할 수 없다. 이때 가장 두려운 것은 시련이 아니라 시련을 대하는 비관적인 태도다. 한 철학자는 말했다.

"태양을 보지 못했다고 눈물을 흘린다면 별까지 보지 못할 것이다."

지혜로운 여자는 운명을 탓하거나 쉽게 좌절하지 않는다. 인생을 비관하는 순간 더 많은 것을 잃어버린다는 걸 알기 때문이다. 현명한 여자는 긍정적인 마음으로 어두운 그림자를 몰아내고 지혜로 길을 밝힌다.

어떤 시련 속에서도 빛과 희망을 찾아내는 사람은 주변으로 긍정적인 기운을 확장한다. 그들은 메마른 사막에서도 오아시스를 발견할 것이다.

제2차 세계대전을 겪은 피비는 그때를 회상하며 말했다.

"전쟁 때 남편은 사막에 있는 육군 기지에 배치됐어요. 저는 남편을 따라 사막으로 갔는데 그곳처럼 열악한 환경은 처음 봤어요. 남편이 군사훈련을 나가면 저는 홀로 남아 집을 지켰어요. 아는 사람도 없고 사막에서 불어오는 모래바람 때문에 외출할 생각은 해보지도 못했죠. 먹을 것은 물론이고 공기 중에도 모래가 섞여 있어 정말 끔찍했거든요.

저는 점점 비관적으로 변해갔어요. 세상에서 가장 불행한 사람이 된 것 같았죠. 저는 부모님에게 편지를 써서 하소연했어요. 적군에게 붙잡히는 한이 있더라도 그곳에서 당장 벗어나고 싶다고 일분일초도 더 견디기 힘들다고 말이에요."

피비는 잠시 뜸을 들이더니 계속 말했다.

"얼마 후 아버지에게 답장이 왔는데 편지지에는 딱 한 문장이 적혀 있었어요. 바로 제 인생을 바꾼 문장이었죠.

'감옥에 갇힌 두 죄수가 창밖을 보는데 한 사람은 진흙탕을 보고 나머지 한 사람은 반짝이는 별을 바라본다.'

저는 매일 그 문장을 떠올리며 별을 바라보는 사람이 되려고 노력했어요. 그랬더니 제 안에 있는 또 다른 '나'가 껍질을 벗고 서서히 밖으로 모습을 드러냈어요. 단단한 힘이 느껴졌죠. 저는 부정적인 생각을 떨쳐내고 새로운 사람으로 다시 태어난 것 같았어요. 주변 환경은 여전히 열악했지만 저는 집 밖으로 나가서 흥미로운 일들을 찾아다녔지요.

마을 사람들에게 먼저 다가가니 그들도 마음을 열어주었어요. 생각지도 못한 결과였죠. 마을에서 사람들이 천을 짜거나 도자기 빚는 모습을 지켜보기도 하고, 사막의 선인장과 기이한 식물들을 연구했어요. 땅다람쥐를 관찰했고, 사막의 아름다운 일몰을 감상하며 시간을 보냈죠. 삼백만 년 전의 조개화석을 발견하기도 했어요.

어느새 사막의 생활을 즐기고 있었죠. 마음을 바꾸니 새로운 인생이 펼쳐졌어요. 정말 믿기지 않을 만큼 놀라운 변화였어요. 감옥에서 반짝이는 하늘을 바라보는 사람에 관한 소설을 쓰고 싶어요. 제가 느꼈던 긍정적인 변화를 다른 사람들도 느낄 수 있도록 말이에요."

복잡하고 분주한 오늘날, 근심과 걱정을 내려놓고 가벼워지기란 쉽지 않다. 사람들은 자신을 스스로 가두고 돋보기로 세상의 온갖 불행을 지켜보며 비관하고 한탄한다. 하지만 지혜로운 사람은 실제로 절망에 빠질지라도 믿음을 저버리거나 비관하지 않는다. 그들은 자신의 운명을 받아들이고 내면의 목소리에 귀를 기울이며 지혜의 빛을 따라 어둠 속을 빠져나온다.

어떤 시련이 찾아와도 좌절하거나 비관할 필요는 없다. 희망을 품고 어둠 속을 비추는 빛을 따라 밝은 곳으로 나아가야 한다.

미국 시어스 백화점을 일으킨 줄리어스 로젠왈드는 말했다.

"누군가가 레몬을 건네주면 그걸로 주스를 만들어라."

여기서 중요한 점은 레몬이 아니라 그걸로 '무엇을 만들 것인가?'이다. 똑같은 환경에서도 지혜로운 사람은 절망 대신 희망을, 어둠 대신 빛을 발견한다. 그리고 위기를 기회로 만든다.

《사흘만 볼 수 있다면》의 저자 헬렌 켈러는 태어난 지 19개월 만에 시력과 청력을 잃었다. 그녀는 보이지 않고 들리지 않는 상황에서도 희망을 버리지 않았다. 그녀는 강한 의지와 신념으로 죽을 고비를 넘기고 누구보다 열심히 살았다. 그 결과 우수한 성적으로 하버드대학교에 입학했고 작가가 되어 유명인사가 되었다. 헬렌 켈러는 '불사조'처럼 강한 정신력으로 어둠에서 나와 빛으로 걸어갔다.

절망은 독이 든 사과처럼 우리를 끝없는 고통과 좌절의 늪으로 유혹한다. 하지만 아무리 큰 시련이 찾아와도 희망과 믿음을 저버리지 말고 끊임없이 앞으로 나아가야 한다.

현명한 여자는 쉽게 비관하지 않는다. 누가 레몬을 건네면 웃으며 주스로 만들어 마시는 지혜를 가졌기 때문이다. 캄캄한 어둠 속에 서 있을지라도 긍정의 마인드로 하늘의 별을 보며 희망을 놓지 마라.

강한 의지를 가져라

타인의 의견을 듣고도 흔들림 없이 자기 생각대로 밀고 나갈 사람이 몇이나 될까? 어떤 사람들은 자신감이 넘쳐서 누가 뭐라든 고집대로 행동하고, 또 어떤 사람들은 우유부단해서 사람들 말을 들을 때마다 생각이 쉽게 변한다. 지혜로운 여자는 주변 사람들의 생각을 참고해서 자신의 운명을 스스로 개척한다.

어느 날, 내 수업을 들었던 릴리가 찾아와 도움을 청했다. 얼마 전 남편의 실직으로 집안 형편이 갑자기 어려워지자 릴리는 일을 하려고 마음먹었다. 그녀는 사람들을 찾아다니며 조언을 구했는데 상반된 말을 듣는 바람에 어떻게 해야 할지 갈피를 잡을 수 없었다.

릴리의 남편은 가정을 책임지는 일은 남자의 몫이라며 그녀가 일하는 것을 반대했다. 하지만 릴리의 사촌 언니는 여자도 경제적 능력이 있어야 한다며 그녀가 일하는 것을 적극 찬성했다. 어떤 친구는 집안일을 동시에 할 수 있는 가벼운 일을 하라 조언했고, 또 다른 친구는 미래를 위해서 연봉이 높은 일을 구하라 충고했다. 그리고 지금 처지에는 무슨 일이든 가리지 않고 해야 한다고 말하는 사람도 있었다. 그녀가 듣기엔 모든 말에 일리가 있어서 어떤 선택을 해야 할지 모르겠다고 말했다. 나는 그녀에게 말했다.

"그걸 왜 제게 묻는 거죠? 지금 상황을 가장 잘 아는 사람은 당신 아닌가요? 지인들의 의견은 다 맞는 말이에요. 하지만 그들은 단지 자신의 입장에서 충고를 해준 것뿐이죠. 당신의 입장은 또 다를 거예요. 그러니 어떻게 해야 할지는 당신이 가장 잘 알고 있어요."

한 심리학자는 말했다.

"세상에는 두 종류의 사람이 있다. 하나는 타인의 의견을 듣지 않는 사람이고 또 하나는 타인의 의견을 맹목적으로 따르는 사람이다."

아마도 릴리는 내 도움이 절실히 필요해서 찾아왔을 것이다. 하지만 자기 문제를 가장 잘 아는 사람은 바로 자신밖에 없다는 사실을 깨달아야 한다.

열등감이 많은 사람일수록 자기 생각은 무시하고 타인의 말을 따른다. 다른 사람들의 관심과 인정을 원하기 때문이다.

사람들에게 주목받는 걸 좋아하는 여자가 있었다. 그녀는 사회에서 인정받기 위해 최선을 다해 일했고, 모든 면에서 완벽을 추구했다. 하지만 늘 관심의 대상이 되길 바라는 그녀의 행동은 주변 사람들을 힘들게 만들었다. 그녀는 이렇게 생각했다.

'내가 이렇게 열심히 했으니 분명 모두가 날 좋아할 거야.'

그녀는 자신이 아닌 다른 사람에게 관심이 쏠리는 것을 참지 못했고, 무의식적으로 주변 사람들에게 자기 생각을 강요했다.

그녀는 '완벽주의'를 포기하고서야 본래의 솔직하고 털털한 성격으로 돌아갈 수 있었다. 지금은 컨설팅 회사에서 우수 사원으로 일하고 있다. 그리고 그녀의 장단점 모두를 사랑해주는 남편을 만나 행복한 결혼생활을 하고 있다. 그녀는 진정한 자신을 발견하고 자기 운명의 개척자가 되었다.

어느 날, 나는 노스캐롤라이나주에 사는 이디스라는 여자에게 편지 한 통을 받았다.

'저는 내성적이고 수줍음이 많은 아이였어요. 어릴 때부터 뚱뚱했는데 어머니는 제게 늘 평퍼짐한 옷을 입혔어요. 저는 학창 시절에 동아리 활동이나 단체 활동을 해본 적이 없어요. 심지어 체육 활동도 참여하지 않았죠. 저는 그게 다 수줍음이 많아서 그런 줄 알았어요.

성인이 되어 저보다 연상인 남편을 만나 결혼했는데 그때까지도 제 성격은 변하지 않았어요. 시댁 식구들은 교양이 넘쳤고 언제나 침착하고 이성적으로 행동했죠. 그런 그들이 부러웠나 봐요. 시댁 식구들을 따라 해보려고 했는데 결과는 참담했답니다. 그때는 정말 제가 실패자가 된 것 같아 크게 좌절했어요. 그리고 저만의 세계로 도망치고 말았죠. 하지만 그런 상황에서도 남편의 사랑이 식으면 어쩌나 전전긍긍하며 아무렇지도 않은 척하며 하루하루를 버텼어요. 저는 너무 힘들고 지쳤어요. 시간이 흐를수록 상태는 더 심각해졌고 급기야 자살을 시도했어요.

제가 그 지옥에서 벗어날 수 있었던 건 한마디 말 덕분이에요. 하루는 시어머니와 아이들 교육에 대해 이야기하고 있었는데, 시어머니가 말했어요. 어떤 상황에서도 독립적으로 생각할 수 있는 사람으로 키워야 한다고!

저는 뒤통수를 세게 얻어맞은 것 같았어요. 눈앞을 가리고 있던 안개가 사라지고 시야가 선명해지는 기분이 들었죠. 저도 시어머니의 말처럼 독립적으로 생각할 수 있는 사람이 되고 싶었어요. 오랜 시간 내면의 목소리에 귀를 기울였죠. 며칠 뒤 저는 어릴 때 입어보지 못했던 제 몸에 딱 맞는 옷을 사러 갔어요. 저에게 어울리는 예쁜 옷을 입고 나니 자신감이 생기더라고요. 그때부터는 모든 게 달라졌어요. 친구도 많이 사귀고 모임에도 나가고…… 지금은 정말 행복해요.'

남이 하는 대로 따라 하며 사는 사람들은 자기 생각이 없다. 다른 사람이 자신을 어떻게 생각하는지는 중요하지 않다. 중요한 것은 내가 진심으로 원하는 게 무엇인지 아는 거다.

오늘날 패션계의 전설이 된 가브리엘 샤넬은 독립적이고 강인한 여자였다. 샤넬은 종종 말했다.

"보통 사람들은 심리적인 안정을 위해 결혼을 하지만, 나는 결혼에 관심이 없습니다."

그녀는 여성의 사회적인 지위가 낮았던 시기에 파리에 모자 판매점을 열어 큰 성공을 거두었다. 그녀는 천부적인 사업가 기질을 타고난 데다 패션의 트렌드를 읽을 줄 알았다. 그녀 곁에는 평생 그녀를 추종하는 남자들로 넘쳐났다. 그녀는 사업에서도 승승장구했고 남자들에게도 열렬한 사랑과 관심을 한 몸에 받았다.

샤넬이 그런 사랑과 관심을 받을 수 있었던 이유는 뛰어난 사업가였기 때문만은 아니다. 세상의 틀을 깨는 인식과 독보적인 발상은 물론이고 정신적·물질적으로 완전히 독립된 여성으로서 충분한 매력을 가졌기 때문이다.

자신의 잠재된 가치를 발견하지 못하는 이가 많은데 내 아내도 그런 사람 중 하나다. 그녀는 자신이 특별할 것 없는 평범한 사람이라고 생각했지만, 아내는 배려심이 깊고 교양이 넘친다. 또한 자기 생각이 뚜렷하고 타인의 말에 쉽게 휘둘리지 않는다.

마음은 행동에 영향을 미치고 지혜는 인품에 영향을 미친다. 훌륭한 인품을 가진 사람은 따뜻한 마음으로 주변을 밝게 만든다.

티나는 훌륭한 인품과 자기만의 생각을 가진 여자다. 유명한 부동산 회사의 부회장인 그녀는 외모와 옷차림도 매력적이었다.

몇 년 전, 티나는 파산한 기계 공장을 둘러보기 위해 직접 그곳을 방문하고는 깜짝 놀랐다. 주변은 온통 숲으로 우거졌는데 바람이 부니 바람에 흔들리는 나뭇잎 소리가 정말 듣기 좋았다. 그녀는 대학에서 전기공학을 전공했지만 예술 쪽에 선천적인 재능을 가지고 있었다. 그곳을 보자마자 티나는 머릿속으로 졸졸 흐르는 시냇물과 초록의 자연을 떠올렸다. 거기에 건물을 지으면 친자연적인 환경과 완벽한 조화를 이룰 것 같았다. 그녀는 세계 각지를 돌아다니며 독특한 건축물을 구경하는 취미가 있었다. 예전에 스페인 바르셀로나에서 우연히 보고 온종일 마음을 빼앗

겪던 건축물이 있었는데, 파산한 기계 공장을 보니 그때 보았던 풍경이 절로 연상되었다.

티나는 우거진 숲에 매료되어 그곳을 녹지율 50퍼센트에 달하는 예술생태공원으로 개조하기로 마음먹었다. 그녀는 즉시 원예 예술가 12명을 초빙하여 공사를 시작했다. 그리고 완벽한 구상과 설계로 획기적인 공원을 조성하는 데 성공했다. 공원 설계는 그녀가 공장에 도착하자마자 스케치한 도안을 기초로 했다. 공원을 찾은 사람들은 환상적인 구상과 설계가 그녀의 머릿속에서 나왔다는 말에 혀를 내둘렀다.

타인의 말과 행동을 따라 하며 사는 여자는 자기만의 생각과 주장이 없다. 의존성이 강하고 독립성이 부족한 사람은 자신이 가진 재능을 말살하고 스스로 행복에서 멀어진다.

에머슨은 말했다.

"인생의 진리를 아는 사람은 내면의 목소리에 자주 귀를 기울인다. 따라서 잘못된 것은 신속하게 바로잡고 늘 자신이 있어야 할 자리에 위치하므로 모든 일이 순조롭게 풀린다."

나만의 아름다움을 찾아라

많은 여자가 자신을 꾸미는 데에만 많은 시간과 노력을 투자한다. 하지만 정작 그 변화를 알아채는 이는 몇몇 동성 친구일 뿐 이성의 환심은 사지 못한다. 사실, 외적 아름다움보다 더 중요한 것은 내적 아름다움이다. 내적 아름다움을 채우기 위해서는 다양한 독서로 지식을 쌓아야 한다.

모델을 꿈꾸는 여자가 나를 찾아왔다. 그녀의 외모는 모델이라는 직업과 잘 어울려 보였으나 부족한 점 하나가 눈에 들어왔다. 그런 생각을 하고 있는데 여자가 말했다.

"지금까지 모델이 되기 위해서 엄청 노력했어요. 하지만 번번이 실패하는 이유가 뭘까요?"

나는 조용히 입을 열었다.

"저는 그 이유를 알 것도 같은데요? 제가 그쪽 분야를 잘 아는 것은 아니지만, 지금 당신이 입은 옷은 당신과 정말 안 어울리거든요."

여자가 의아한 눈빛으로 말했다.

"그게 제가 모델이 되지 못하는 이유랑 무슨 상관이죠? 모델은 디자이너가 만든 예쁜 옷을 입고 무대를 왔다 갔다 하는 직업인걸요?"

그녀가 진정한 아름다움에 대해서 잘못 이해하고 있다는 생각이 들었다.

"모델은 그렇게 단순한 직업이 아니에요. 디자이너가 만든 옷을 그냥 걸치는 게 아니라 그 옷을 가장 멋지게 소화할 수 있어야 해요. 예쁜 외모만으로는 불가능하죠. 따라서 모델은 외모는 물론이고 내면의 아름다움까지 갖추어야 해요."

성격, 생각, 인품이 훌륭한 여자는 누구에게나 관심과 사랑을 받는다. 사람들의 시선을 한 몸에 받고 싶지 않은 이는 없을 것이다. 하지만 그러기 위해서는 내적 아름다움을 쌓아야 한다.

캐롤라인은 뉴욕의 보험 회사에 입사한 지 6개월 만에 평사원에서 직원들 교육을 담당하는 전임 강사로 승진했다. 스물여덟 살의 젊은 나이에 10만 달러의 연봉을 받게 된 그녀의 성공 비결이 궁금했다. 직접 만나본 캐롤라인은 작은 키에 까무잡잡한 피부, 주근깨투성이 얼굴의 평범한 여자였다. 더 놀라운 사실은 그녀가 중학교밖에 졸업하지 못한 데다 가난한 집안 출신이라는 점이었다. 그녀는 어떻게 그 자리까지 갈 수 있었을까?

"어렸을 때 저는 예쁜 컵처럼 아름다운 외모를 가져야 사람들에게 좋은 인상을 남길 수 있다고 생각했어요. 하지만 어른이 된 후에 새로운 사실을 알게 되었죠. 컵 안에 더러운 물이 들어 있으면 오히려 더 안 좋은 영향을 미칠 수 있다는 것을요. 반대로 별로 예쁜 컵은 아니지만 안에 향기 나는 커피나 와인이 들어 있으면 사람들이 제 발로 찾아와요. 따라서 제 겉모습이 컵이라면 제 마음은 그 안에 담긴 내용물이 되는 거죠. 저는 줄곧 내용물을 채우기 위해 노력했어요."

주목받고 싶다면 가장 먼저 내면의 아름다움을 쌓아야 한다. 외모를 가꾸는 것은 그다음이다. 독서, 피아노, 발레, 요가 등은 교양을 쌓고 내면을 가꾸는 데 효과적이다.

독서의 의의는 지식을 얻는 것보다 생각하는 힘을 키우는 데 있다. 샬럿 브론테의 《제인 에어》가 시대를 초월해 큰 사랑을 받는 이유는 아름다운 사랑 이야기와 함께 독립적이고 주체적인 삶을 살고자 했던 여자의 이야기를 다루었기 때문이다. 독서를 통해 내면을 채운다면 거부할 수 없는 매력을 갖게 될 것이다.

내면이 아름다운 여자는 사람들의 감탄과 존경을 끌어내며, 화려한 외모를 가진 여자보다 훨씬 더 오래 사랑받는다. 따라서 각종 화장법과 미용 기술로 겉모습을 치장하는 데 너무 시간을 낭비하지 말고 내면의 아름다움을 가꾸는 데 최선을 다하라.

한 철학자가 말했다.

"진취적인 사람이 되려면 깨어 있을 때 배워라. 몰랐던 역사와 지식을 통해 더 아름답고 행복해질 것이다."

생명은 촛불과 같아서 언젠가는 다 타서 없어지지만, 빛나는 영혼은 영원히 꺼지지 않고 세상을 비춘다.

슈만 행크는 진취적인 인물로 영원히 꺼지지 않는 영혼을 가졌다. 그는 오페라 가수가 되겠다는 꿈을 안고 비엔나 오페라 단장을 찾아갔는데 그 자리에서 매몰차게 거절당했다. 단장은 소박한 옷차림에 내성적으로 보이는 슈만을 보자마자 말했다.

"그렇게 평범하고 개성 없는 외모로 어떻게 오페라를 하겠다는 거죠? 꿈도 꾸지 마세요! 헛수고 그만하고 돌아가요. 당신은 절대 오페라 가수가 될 수 없어요!"

평범한 사람 같으면 단장의 독설을 듣고 크게 좌절하며 자신의 재능을 의심했을 것이다. 하지만 슈만은 달랐다. 그녀는 절대 꿈을 이루지 못할 거라는 단장의 말이 틀렸음을 보여주고 싶었다. 그리고 부족한 면을 채우기 위해 독하게 노력했다.

슈만은 무수한 실패를 겪으면서도 끊임없이 도전했고 마침내 무대 위에서 영롱한 목소리를 뽐내는 최고의 오페라 가수가 되었다.

여자의 아름다운 외모가 화려한 컵이라면 빛나는 영혼은 컵 안에 든 향긋한 술과 같다. 진취적인 영혼의 여자는 사람을 끄는 풍부한 매력을 가진다. 결혼한 뒤에 자신의 영혼을 방치하면 향기로운 물은 썩고 매력도 서서히 사라질 것이다. 따라서 결혼 뒤에도 다양한 독서와 경험으로 끊임없이 내면을 갈고닦아야 한다.

빈민촌 출신으로 미국의 하원의원으로 선발된 남자를 만난 적이 있었다. 그에게 성공 비결을 묻자 이렇게 대답했다.

"다 똑똑하고 예쁜 제 아내 덕분이에요. 아내와 결혼하지 못했다면 지금의 저도 없을 겁니다. 제 아내는 부족한 저를 위해 신이 내려주신 선물 같은 사람이에요."

미국 영화협회 회장 에리카의 아내는 남편에 대해서 이렇게 말했다.

"남편과 발맞추어 한 걸음씩 전진했기 때문에 행복한 결혼생활을 누릴 수 있었어요."

이처럼 진취적인 여자는 언제나 행복 나무의 황금 사과를 손에 넣는다.

내면을 가꾸는 여자는 언제나 활기가 넘치지만, 외면에만 투자하는 여자는 시들어버린 꽃처럼 매력이 없다. 유대인들은 말했다.

"사람은 누구나 비슷한 가능성을 가지고 태어난다. 자신의 가치를 얼마나 높일 수 있는지는 모두 자기 손에 달렸다."

지혜로운 여자는 진취적인 영혼으로 자신의 가치를 높이고 내면을 아름답게 가꾼다. 이제 당신도 해보자. 머지않아 저절로 사람들의 관심과 사랑을 독차지하게 될 것이다.

나만의 아름다움을 찾아라

자신의 가치를 얼마나 높일 수 있는지는 모두 자기 손에 달렸다.

타인을 빛나게 하는 사람이 아름답다

인간관계의 황금 법칙을 아는가? 남에게 대접받고 싶다면 남을 대접해야 한다. 아무리 차가운 사람도 자세히 관찰하다 보면 무장해제시킬 방법이 눈에 들어온다. 때로는 말 한마디로 냉랭한 관계를 해소할 수도 있다.

양호한 인간관계를 유지하기 위해서는 가족과 친구, 배우자, 파트너, 심지어 경쟁자에게도 아낌없이 칭찬해야 한다. 평소 주변 사람들에게 칭찬의 씨앗을 뿌려놓으면 나중에 큰 나무가 되어 달콤한 열매를 내줄 것이다.

어느 날, 나는 뉴욕 33번가에 있는 우체국에서 등기우편을 붙이려고 줄을 섰다. 우체국 직원들을 살펴보니 다들 지친 기색이

역력했다. 편지의 무게를 재고 우표를 붙인 뒤 거스름돈과 영수증을 내주는 그들의 동작에서는 아무런 감정도 느껴지지 않았다. 그때 이런 생각이 머리를 스쳤다.

'우체국 직원들이 나를 좋아하도록 해보자. 그러기 위해서는 칭찬을 해줘야겠군.'

나는 사람들에게 어떤 칭찬을 받았을 때 기분이 좋았는지 떠올렸다. 내 차례가 되어 우체국 직원 앞으로 간 나는 웃으며 말했다.

"머리 모양이 정말 멋있어요!"

직원은 의아한 표정으로 고개를 들더니 옅은 미소를 지었다.

"예전 머리가 더 낫지 않나요?"

그의 말을 들은 나는 임기응변으로 다시 말을 이어갔다.

"예전보다 윤기는 덜하지만 지금 머리도 멋있어요."

그렇게 즐거운 대화를 몇 마디 더 나눈 뒤 헤어질 때 그가 말했다.

"실은 다들 제 머리 모양이 멋있다고 했어요."

아마도 그 직원은 퇴근하고 집으로 갈 때 평소보다 훨씬 가벼운 발걸음으로 돌아갔을 것이다. 그리고 아내에게 낮의 일을 들려주며 거울 앞에서 이렇게 말했을지도 모르겠다.

"다시 봐도 멋있단 말이야."

나는 한 강연에서 이 이야기를 들려준 적이 있다. 그때 한 남자가 물었다.

"그렇게 해서 당신이 얻은 건 무엇인가요?"

내가 얻은 것은 작은 즐거움이다. 내가 뿌린 칭찬의 씨앗이 널리 퍼져나갈 것을 상상하며 행복해하기도 했다.

내가 뿌린 칭찬의 씨앗이 항상 내게 큰 열매를 가져다주지는 않는다. 그렇다 해도 상대방에게 칭찬하면서 느낀 즐거움만으로도 대가는 충분하다.

행복은 일종의 감각이다. 행복 앞에서 돈은 힘이 없다. 행복해지기 위해서는 영혼의 먼지를 털어내고 마음을 더 깨끗하게 유지해야 한다.

베스트셀러 작가 크리스는 대장장이의 아들로 태어났다. 그는 여덟 살 이후로 정식교육을 받아본 적이 없다. 하지만 그는 세상에서 가장 부유한 작가로 불릴 만큼 많은 돈을 벌었다.

크리스는 어릴 때부터 시를 좋아해서 로제티의 시를 달달 외우고 다녔다. 그러던 어느 날 그는 로제티에게 그의 시를 찬양하는 편지를 보냈다. 그의 편지를 받은 로제티는 자신을 찬양하는 소년을 눈여겨보았다.

그리고 얼마 뒤, 로제티는 크리스의 아버지에게 편지를 보내 그를 런던에 있는 자기 사무실에서 개인 비서로 쓰고 싶다고 청했다. 그 일은 크리스의 인생에 큰 전환점이 되었다. 그는 최고의 시인을 보필하며 로제티에게 시작법을 배웠다.

훗날 시인으로서 명성을 날린 크리스의 고향은 그가 죽자 유명한 관광지로 주목받았다. 그곳에는 아직도 수백만 달러에 달하는 그의 유품이 남아 있다. 크리스가 어렸을 때 로제티를 찬양하는 편지를 쓰지 않았다면 그는 가난한 대장장이의 아들로 살다가 죽었을지도 모른다. 이처럼 상대를 높여주는 말 한마디는 한 사람의 인생을 송두리째 바꿔놓을 수 있다.

진심에서 우러나온 칭찬은 마음에 상처를 입은 사람들에게도 큰 효과가 있다. 진심 어린 칭찬은 진심 어린 마음에서 나온다. 오만한 사람은 상대방을 자기 발밑에 두려고 하지만, 겸손한 사람은 상대방의 장점을 잘 찾아낸다.

좋은 인간관계를 유지하기 위해서는 다른 사람에게 자신이 얼마나 중요한 인물인지 느끼게 해주어야 한다. 이 법칙만 잘 지켜도 친구와 지속적인 행복을 보장할 수 있다.

행복은 모래사장의 자갈과 같다. 불안하고 우울한 상태에서는 절대로 행복해질 수 없다. 성난 파도가 밀려와 자갈을 모두 흩뜨리기 때문이다. 마음의 근심과 걱정을 떨쳐내고 긍정적인 생각을 할 때 비로소 부드러운 파도가 밀려와 모래 속에 숨은 자갈을 보여줄 것이다.

예전에 상금 200달러를 걸고 '나는 어떻게 행복해졌나?'라는 주제로 공모전을 개최한 적이 있다. 우승자는 미주리주 스프링 필드에 사는 볼튼으로, 그는 수많은 불행을 딛고 행복을 찾은 고 아였다.

"제 어머니는 십구 년 전에 집을 나갔습니다. 그 뒤로 저는 어 머니를 한 번도 본 적이 없습니다. 어머니가 가출할 때 데려간 두 여동생 또한 못 봤고요. 저는 동업자와 미주리주에서 작은 커 피숍을 했습니다. 하지만 제가 커피숍을 비운 사이 동업자는 가 게를 팔아넘기곤 자취를 감췄습니다. 소식을 들은 아버지가 급 히 집으로 돌아오던 중에 교통사고로 돌아가셨어요. 어머니가 가출한 지 삼 년 만이었죠. 제게는 숙모 두 분이 있었는데 늙고 가난해서 남겨진 우리 다섯 형제 중 세 명밖에 키울 형편이 안 됐어요. 저와 동생은 어쩔 수 없이 마을 사람들의 도움을 받으며 살아야 했죠. 그때부터 사람들은 저를 고아라고 부르기 시작했 어요."

볼튼은 다행히 마음씨 좋은 마을 사람 집에 머물며 학교에 다닐 수 있었다. 하지만 고아라는 이유로 친구들에게 심한 놀림감이 되 었다. 깊은 상처를 입은 그는 친구들과 싸워보기도 했지만 그럴수 록 상황은 더 나빠지기만 했다. 하루는 그를 돌봐주던 아저씨가 볼튼을 불러 말했다.

"싸움꾼보다는 더 훌륭한 사람이 되는 건 어떨까?"

그는 친구들과 싸우지 않으려고 노력했지만 화를 참는 일은 생각보다 어려웠다. 집으로 돌아와서도 씩씩대는 볼튼에게 아주머니가 말했다.

"친구들과 사이좋게 지내고 싶니? 그들에게 대접받고자 하는 대로 대접해보렴."

아주머니의 말에 뭔가 깨달은 볼튼은 이제까지 자신을 괴롭히던 친구들을 용서하고 열심히 공부했다. 그리고 마침내 반에서 1등을 차지했다. 이후 더 이상 그에게 시비를 거는 사람은 없었다. 볼튼은 어느새 반 친구들을 도와주는 '해결사'가 되어 있었기 때문이다. 그는 친구를 대신해 참고서를 찾아주었고 어려운 문제가 생기면 가장 먼저 나서서 도왔다.

볼튼이 성인이 되었을 때 마을에 전염병이 돌아 많은 사람이 죽었다. 마을에 남은 청년은 볼튼 한 사람뿐이었다. 2년 동안 볼튼은 사별한 과부들을 돌보며 지냈다. 매일 학교에서 돌아오면 농장에 가서 힘든 일을 거들었다. 마을 사람들은 그런 볼튼에게 호감을 느꼈다. 그 후로 마을에서는 아무도 볼튼을 고아라고 업신여기거나 손가락질하지 않았다.

훗날 해군 장교로 퇴역한 볼튼이 고향으로 돌아오자 200명이 넘는 마을 사람들이 나와 그를 반겼다. 그를 보기 위해 40킬로

미터를 운전해서 온 사람도 있었다. 그렇게 볼튼은 수많은 불행을 딛고 사람들과 행복하게 살았다.

정신과 의사는 불면증 환자에게 종종 이런 처방을 한다.

"잠이 안 올 때 다른 사람을 행복하게 해줄 방법을 떠올려보세요. 열심히 생각하다 보면 절로 기분이 좋아질 거예요. 그러면 긴장이 해소되면서 편안히 잠들 수 있을 겁니다."

유명한 심리학자 알프레드 아들러는 우울증 환자에게 말했다.

"제 방법대로 하면 이 주 안에 우울증이 사라질 거예요. 매일 누군가를 웃게 만들어보세요."

행복해지기 위한 가장 빠른 방법은 타인을 행복하게 해주는 것이다. 다른 사람을 행복하게 해주려는 과정에서 이미 자신도 행복해지기 때문이다. 더 이상 외로워하거나 두려워할 필요도 없다. 사랑과 행복이 무한한 힘을 가져다줄 것이다.

타인을 빛나게 하는 사람이 아름답다

♡ ⃝ ⊿

♥

행복해지기 위한 가장 빠른 방법은 타인을 행복하게 해주는 것이다.

데일 카네기
여자를 위한 자기관리론

1판 1쇄 인쇄 2023년 4월 01일
1판 1쇄 발행 2023년 4월 10일

지은이 | 데일 카네기
엮은이 | 미리내공방
펴낸이 | 최윤하
펴낸곳 | 정민미디어
주 소 | (151-834) 서울시 관악구 행운동 1666-45, F
전 화 | 02-888-0991
팩 스 | 02-871-0995
이메일 | pceo@daum.net
홈페이지 | www.hyuneum.com
편 집 | 미토스
표지디자인 | 강희연
본문디자인 | 디자인 [연;우]

ISBN 979-11-91669-43-5 (03320)